〜事例別に見る対応の極意〜

飲食店のための クレーム 解決ガイド

はじめに

飲食店を経営する皆さまは、お客さまのクレームの処理にお困りではありませんか。日々の営業において、お客さまからのクレーム対応は避けて通れない経営課題です。一方で、これらの不満を適切に処理することは、お店の信頼を守り、顧客満足度を高めるために欠かせない要素です。クレーム対応は、単に問題を解決するだけでなく、お客さまとの関係を深め、リピーターを増やす重要な機会でもあります。

本書は、飲食店で起こるクレームについて、月刊「食と健康」にて連載した『すぐに役立つ クレーム対応のすべて』を事例別にまとめた一冊です。クレームの原因を把握し、迅速かつ誠実な対応を行うための具体的な方法を解説しております。また、クレームを未然に防ぐ予防策や、従業員の意識向上に役立つ情報も盛り込みました。

第1章ではクレーム対応の基本原則、第2章では具体的なクレーム事例と対応方法、第3章では食品衛生に関するクレーム、第4章では従業員との関わり、第5章ではハラスメントに関する対応について解説しております。さらに、付録として月別のマーケティングアドバイス／販促カレンダーも加え、季節ごとの売上アップに役立つ情報を提供しております。

従業員にもわかりやすく実務にすぐに役立ち、全員がクレーム対応の理解を深め、お客さまへのサービス向上に努めることができる内容といたしました。皆さまの店舗がさらに多くのお客さまに愛され、発展することを心から応援しております。

2024年10月
三海 泰良

目　次

第1章 / クレーム対応を知る

クレームを知って マニュアルに活かそう！

パターン別に分けて対応

「クレーム」と、ひと言で言ってもさまざまな事例があり、「読んだからって解決するの？」と思われるかもしれません。しかし、本書で示すように、パターンに分けて対応策を理解すると、誤った対応を避けることができます。

　まずはクレームの発生を防ぐことがたいせつです。万一クレームが発生した場合は、適切に対応が取れるようにします。そして、クレームを活かすことで〝神対応〟と言われるくらいに、お店のファンをつくっていきましょう。

クレーム対応のマニュアル化

店舗に「クレーム対応マニュアル」はありますか？ホスピタリティあふれるスーパー従業員の接客スキルも、一朝一夕には身につきません。飲食店のクレームは、現場でのとっさの判断を求められるため、マニュアルを作成することをおすすめします。作成にあたっての5つのポイントを表に示します。

　マニュアルは作成したままにせず、クレーム時の接客対応の練習（ロールプレイング）をしておくことです。とっさの対応力の向上と、初期対応でクレームが拡大して炎上することを防ぐことができます。マニュアルを超えるところに感動があるという方も多いかと思いますが、まずはマニュアルがないとそれを超えることもできません。

対応者のメンタルヘルスケア

クレーム対応者は、お客さまからと

表　クレーム対応マニュアルを作成するための５つのポイント

1 迅速な対応
- 24 時間以内に内部共有
- 解決ステップの説明
- 遅れのない対応

2 顧客の話をしっかりと聞く
- 最後まで聞く
- 遮らない
- 情報を確認する

3 共感の表現
- 共感を示す
- 謝罪の言葉
- 顧客の立場理解

4 具体的な解決策の提示
- 原因特定
- 解決策の提示
- 迅速実行

5 記録・分析
- 詳細記録
- 定期分析
- 改善策の実施

きには厳しい言葉を浴びてストレスのために精神的に参ってしまうものです。ストレスとは、外部からのさまざまな刺激（ストレッサー）によって自分の体や心に負荷がかかり、「歪み」が生じることを言います。

　ストレスにより、さまざまな心身の不調を引き起こす原因になります。従業員がそのような不調をきたす状態では、店舗運営もままなりませんので、クレーム対応者へのフォローが欠かせません。具体的には、シフトに配慮して気持ちの余裕をもたせ、クレーム対応時もその後も従業員を「ひとりぼっちにしない」対応をとります。

クレームの記録と共有

　クレーム対応は、対応者個人の問題だけではなく、店舗全体の問題です。表に示したとおり、クレームを記録し分析することで、クレームを活かした改善ができます。そのためにも、クレーム事例を従業員間で共有し、職場でのクレームに対する学習を進めていくこと。そうすることで、次回に同じクレームを発生させないことや発生させても迅速な対応・問題を大きくしない対応をすることができます。

断る勇気

　最近では顧客の行き過ぎた要求を通してしまったばかりに、事故から事件にまで発展させてしまう事例が発生しています。たとえば、店員を土下座させその様子を撮影し、ＳＮＳにアップし強要罪で逮捕された事例など記憶されている方も多いかと思います。

　不当な要求には毅然とした態度で断ります。場合により、今後の入店を拒否するなどの断る勇気も必要です。

まずは原因をとらえた謝罪から対応を

お客さまは何に怒っているの？

「店長、お客さまがお怒りです！」バックヤードに響き渡る従業員の声、緊張感の走る店内…というように、クレームは突然発生します。そんなクレームは大きく2つに分けて考えられます。1つ目は店側に起因する「オペレーションの遅れ、料理の不出来、店内環境の悪さ、サービスの不徹底」などがあげられます。2つ目としてお客さま側の「外食に慣れた方からのサービスの過大要求、マナーが悪い、価値観の押しつけ」などがあります。お客さまの怒りはどこからか、冷静にとらえましょう。

怒らせた事象に謝罪

まず、お客さまの声に耳を傾け、何が不満で何に怒っているのか正確に把握します。クレームに対する謝罪も「起こした事象」に限定して謝罪します。

たとえば、料理の提供が遅くなったのであれば、まずはその遅延について謝罪します。そのうえで、グループで来店された場合は、料理が遅くなった方が一緒に食事を摂れないことで嫌な気持ちにならない配慮をします。お子さまがいる方には子どもへの配慮のひと言を添えるとよいです。また、ビジネスパーソンにはランチ後の仕事への配慮など、それぞれのお客さまの立場に沿ったひと言を申し添えることで、怒りを和らげることができます。同じ料理の提供遅延でも、それぞれ怒りの源泉が違うことを理解する必要があります。

損をしないクレーム交渉

クレームの原因を調査した結果、「店

側に責任はない」と判断された場合は、お客さまの要求をお断りします。お客さまの事実誤認や思い込みということもありますが、店側に過大な要求をする悪質クレーマーの場合には応じる必要はありません。前者の事実誤認といったお客さまには誤解を解く努力が必要です。一方で、店側に責任があった場合には、責任の程度と店の商品・サービスをお客さまが購入したことで被った損害とのバランスで決めます。店側にも社会的責任という側面もあるので、企業理念に沿った対応を行います。

クレーム交渉の勘所としては「損をしないこと」です。金銭のみならず交渉に費やす時間、怒鳴り散らされた場合の店の雰囲気の毀損、従業員のやる気の低下などを総合して決めます。

頻発するリスクの高いクレーム要因は、事前にルールを決めておきます。たとえば異物混入の場合は、つくり直しを基本とし、お客さまが食べきっていた場合はドリンクサービスをするなどの対応をマニュアルに定めておきます。

貴重な意見は改善のチャンス

アメリカのマーケティング会社の調査結果から示された「ジョン・グッドマンの法則」によると、不満をもつお客さまの96％はクレームを言わないとされています。ほとんどの方は不満の解決をあきらめてしまうのです。また、商品購入時に60％のお客さまは満足し、40％の方はなんらかの不満があるとしています。声にならないお客さまの不満としては、「冷房が効きすぎる」「食器が割れた音にびっくりした」などがあげられます。

こうしたデータを見ると、嫌だと思っていたクレームも貴重なご意見に見えてきませんか？ クレームは店舗を改善する絶好の機会と考えて顧客にお礼を述べるという考えもあるのですが、先述したように、「お客さまの価値観の押しつけ」、たとえば「肉料理には○○塩を使うべき」というクレームの場合は、「貴重なご意見をありがとうございます」とお客さまを持ち上げることで解決を図ります。

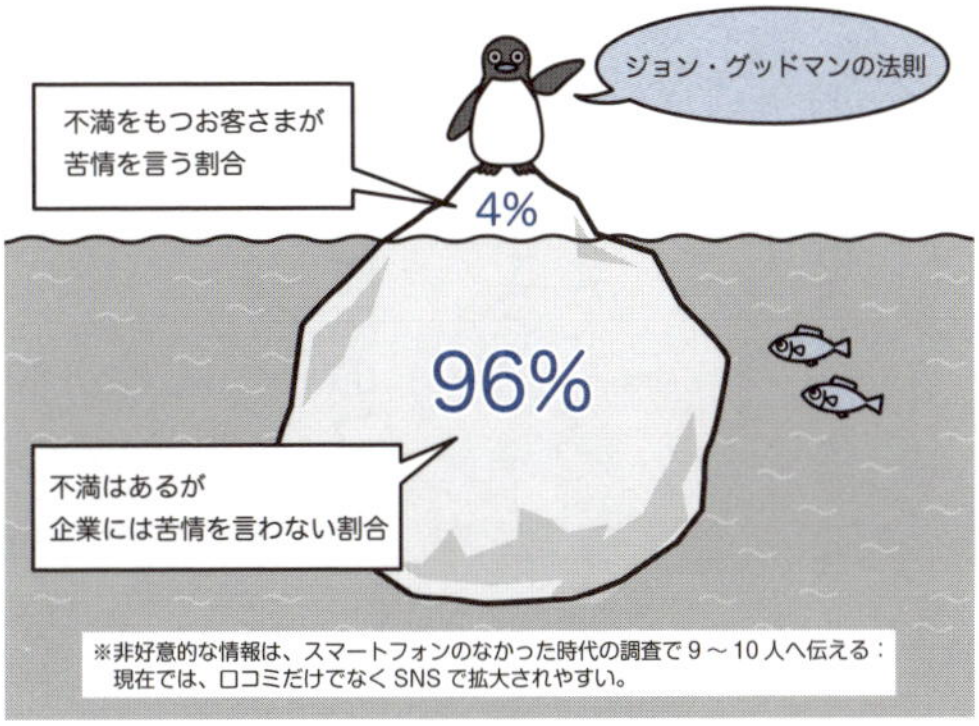

クレーム対応の3原則

マニュアル

小さなクレーム

こちらの事例は、東京都内のターミナル駅から郊外に向かう私鉄で10分ほど行った、とある駅前商店街にある居酒屋です。飲食店が集まるビルの2階で営業し、定番メニューがおいしいと評判です。また、夜遅くまで営業していることから二次会利用のお客さまも多くいます。

ある日、近所のお父さんたち10人の団体客が遅い時間帯に来店しました。なかには来店の時点で、飲み過ぎの方もいるようです。

しばらくすると、「早く飲み物を持って来て！」と呼び鈴を押し続けるお客さま。一度に何度も呼び鈴を押され、嫌になったスタッフは店長に助けを求め、対応を代わってもらいました。店長はお客さまの目線までかがみ、「呼び鈴を1回押していただければ大丈夫ですよ」とお伝えし、ことは収まりました。

クレーム対応のコツ

この事例は小さなクレームに対する対応に関するものですが、ちょっとしたコツが詰まっています。

コツ① 人を代える

クレームがあると、現場スタッフは店舗責任者や店長に報告をしますが、ここで対応者を代えます。そうすることで、「上位の人が出てきた」という印象をお客さまに与え、「責任のある人が対応してくれる。自分はたいせつにされている」と思っていただけます。

お店としては、お客さまの申し出に対して解決への覚悟を示すことができるだけでなく、初期対応にあたったスタッフを通常営業に戻し、提供遅れなど新たなクレームの芽を摘むことができます。

コツ② 時間をかける

飲食サービスを提供する飲食店では生産と消費の場所が一緒のため、クレームが起こった場合、原則その場で対応することが必要となります。しかし、原因特定が困難な異物混入や食中毒が疑われる腹痛などの場合は、必要に応じて時間をかけて解決することが重要です。

異物がお店や原材料由来でない場合は、時間をかけて特定のために調査することで、クレームを解決することができます。

他店の例として、お客さまが自分の歯の詰め物が取れたことに気づかずに、お店に異物混入の申し出をされたということがあります。店側が時間をかけて調査し、事実をお伝えすることでクレームは収まりました。

また、腹痛など食中毒が疑われる場合は、お客さまの体調回復のためにまずは病院へ行っていただき、原因が特定されてから補償しても遅くはありません。

コツ③ 場所を変える

小売店では、お客さまの要望をしっかり聞くため、売り場から事務所などに場所を変えて対応するとよいでしょう。店側の真摯な態度を示しつつ、ほかのお客さまへの影響を回避することもできます。

しかし、飲食店ではスペースに限りがあるため、そうはいきません。やむを得ず客席で対応することになりますが、「対立の姿勢」と言われる、お客さまの正面に立つことを避け、斜めや横に立ち位置を変える、たったこれだけでも、雰囲気や印象を大きく変えることができます。

ピンチはチャンス！ クレームを活かすには？

「クレームを活かして経営の改善につなげましょう」とよく言われますが、どのようにすればよいでしょうか。ここでは、具体的にクレームの活かし方を見ていきます。

傾聴スキルを身につけよう

どうにも手をつけられないほどお客さまを怒らせてしまった経験はありますか？ あるデータによると、人が怒っていられる時間は約４分です。知っていることで、その後のスムーズなクレーム対応へ進められます。お客さまの怒りをコントロールし、つらいこの時間を乗り切ります。

クレームの原因を明らかにするため最初にすることは、お客さまの話をよく聞くことです。スムーズに聞き取りを進めるためのコミュニケーション技法として、「傾聴《けいちょう》」という3つのスキルを簡単に紹介します。

①相手の言葉をオウム返し

しっかり聞いていますよ、認識しています、というメッセージを相手に伝えることができます。

例：お客さま
「髪の毛が入っているんだけど！」
接客係
×「何か入っていましたか？」
○「髪の毛が入っていたのですね」

②ペーシング（相手の動きや話し方、気持ち等に同調する）

極端な表現ですが、怒っている相手に、喜んだ表情で対応すると、かえって怒りを買うことは想像できますよね。動きや感情に同調することで、相手が受け入れてくれていると感じます。

例：大きな声で言われたら大きな声で返事をする・小さな声で言われたら小さな声で返事をするなど、口調や調子を合わせるようにします。

③相手の主張を要約したり違う表現で言い換える

相手との認識のズレを確認し、オウム返し同様に相手の話を聞いていますよ、という安心感を示します。

例：髪の毛が商品に入っていたクレーム

↓お店のルールとして、つくり替えを基本としていた場合に、お客さまの主張を要約することで、本当は「つくり替えはもう不要」という真のニーズが把握できます。ドリンクサービスなどに切り替えるなど、お客さまのニーズに沿った対応が可能となります。

傾聴はコミュニケーション技法なので、練習をすれば誰でも身につけられます。家族や友人、従業員同士で練習しましょう。しかし、オウム返しは、やり過ぎるとからかわれているように感じますので、注意が必要です。わたしもパートナーを相手に練習して気持ち悪がられた経験があります。

クレーム報告書（例）

クレーム報告書 No.00000　　（ 新規 ・ クレーム No.00000 ）の続き

回覧	社長	店長	店長代理	リーダー	A さん	B さん	C さん

受付日時	年　月　日（　曜日）	店舗名	
	：　～　：	対応者	
お客様名			
連絡先	住　所　：		
	電話番号：		
	E メール：		
	会社名　：		
連絡可能日時			
連絡方法	□携帯電話　□E メール　□連絡待ち　□その他		
クレーム原因 分かるように書く いつ when・だれが who・なにを what・ どうしたか how	□異物・□汚損・□接客・□その他		
お客様の要望 具体的に書く			
お客様への対応	回答 □その場で回答 □後日回答（　月　日までに回答） □作り替え・□サービス（ドリンク・割引券）・□返金 □調査内容		
お客様の回答			
その他			

クレームを分析し根本原因の解決に

クレームは、お客さまに迷惑をかけ怒らせると、なんとも嫌なものです。お店側もストレスがいっぱいです。臭いものにふたをして、クレーム再発防止に必要な根本的なクレーム対策が後回しになっていませんか？

嫌なクレームもデータベース化することで、経営に活かすことができます。クレーム報告書（ルール）を決めて、情報をまとめて整理します。クレームを記録する報告書を例示しますので、参考にしてください。

第1章 ／ クレーム対応を知る

クレームで呼び出されたとき あなたのお店はどうする？

都内にて野菜を中心とした健康的なメニューを展開する経営者のお困りごと。こちらの店舗は、健康的なメニューとオフィス街の立地からテイクアウトが多いのが特徴です。自慢のサラダは、色とりどりの野菜に、トッピングとしてチキンやローストポークを盛りつけます。数種類の具材を組み合わせてトッピングするもので、テイクアウト時に〝具材の入れ忘れ〟がときどき起こります。

電話口での対応やお客さまの気分次第で、「持って来い！」や「家まで謝りに来い！」と言われることもあります。お店の信用とコストのバランスになりますが、時間や交通費など、コスト面の負担が大きく対応が限られます。

こちらの店舗では、謝罪の言葉とともに次回来店時のトッピング無料や割引チケットを申し出て、お客さまの名前を控えます。これで多くのお客さまは「持って来い！」とはなりません。それでも話がこじれて「謝罪に来い！」となった場合はどうしたらよいのでしょうか。

対応前後の安全策を備える

訪問場所として、自宅以外の場所を指定されると、クレーマーの自宅を知られたくない何か後ろめたい事情などが考えられます。自宅以外の面会場所を指定されたら、人目のあるファミリーレストラン等にします。心配であれば、事前に警察に相談してから赴きます。

また、安全確認策として、クレーム対応終了後には店舗に電話することとします。終了予想時刻になっても報告がない場合には、店舗のスタッフからクレーム対応者の携帯に電話をかけさせる等の対応策をしておきます。

印象のよい服装を

謝罪訪問時の服装は断然スーツをおすすめします。男性であればネクタイ着用、女性は派手な色使いを避けるのが好ましいです。店舗のユニフォームやジャケットで赴く場合には、取り急いで来た旨を伝えるだけでも印象がだいぶよくなります。

訪問時間は絶対厳守

時間厳守は当然のことです。約束の10分前には現地に到着して、1分前に玄関のインターホンを鳴らします。想定しておきたいのは、約束していたにもかかわらず不在のときです。その場合は、名刺にメッセージを残し、謝罪に訪れた足跡を残すようにします。

お辞儀は深く、深く

謝罪に訪れて、お客さまのお怒りを鎮めるためにと、土下座までする必要はありません。しかし、お辞儀は深く行います。ひどいお怒りを買っている場合には、お辞儀の角度は90度を練習して臨みます。ここまで深くお辞儀をされると、なかなかそれ以上きつく言うことができなくなります。

誠意が伝わる聞く態度

基本的に、立っては直立、座っては背筋を伸ばします。目線は相手の目を直視せず、首元を見ます。男性のネクタイを締めている辺りです。こうすることで、伏し目がちになり、謝罪の態度が伝わります。相手が話している際は、相槌を打ちながらメモを取ります。すると、〝あなたの話を聞いていますよ〟と相手に誠意が伝わります。

持って行くものは分けること

謝罪時に何を持って行けばよいでしょうか。代替商品のほかに割引券、商品券（金額を分けて持つ）、現金と分けて持っておくと、相手の話の出方により対応を分けることができます。

なお、レコーダー、ペン型やメガネ型のカメラなどで記録ができますが、見つかると、相手の不信をさらに買うことにもなります。判断が分かれるところですが、わたしはおすすめをしていません。

第1章 / クレーム対応を知る

5つの特徴をおさえて サービス向上

お客さまからサービスに関するクレームを頂戴することがあると思いますが、そもそもサービスはどういうものなのでしょうか? ここではサービスの本質を知ることで、サービスを元に起こるクレームを科学してみます。サービスを5つの特徴に分けて、クレーム事例をあげながら見ていきましょう。

サービスの特徴

① 無形性(非有形性)

これはサービスそのものに物理的実体がなく、目で見たり触ることができないことを言います。そのため、サービスを「無形財」と呼ぶことがあります。

たとえば、猫カフェなどのなんらかの接客をサービスとして提供している形態のお店です。接客の質を付加価値としてサービスとしている場合には、お客さまは、そのサービスを見ることができません。「毛の長い猫が好きなのに、いないのはおかしい!」というようなお客さまの一方的な要求を避けるにはどうしたらよいでしょうか。

対応策としては、写真や動画等でサービスを可視化することです。カフェであれば、外から様子がわかるような造りにしてもよいです。「長い毛の猫がいない」ことは、自店では当たり前でも、はじめてのお客さまにとっては入店前には知らないことです。

② 品質の変動性(非均一性)

サービス(無形財)は、誰がそれを提供するか、いつそれが提供されるかによって、その質は異なる可能性が大きく、質の均一性を保ちにくいです。

「品質の変動性」とは、提供されるサービスがいつも同じとは限らないことを言います。

対応策としては、接客マニュアルを決め、従業員教育を行うことです。同じサービスレベルを均一に保つ教育訓練は欠かせません。

ほかにも、おつりのまちがいがある場合、人が行っている業務を機械に置き換えてみます。代金決済業務を自動券売機に置き換えることで、おつりの受け渡しのミス・計算ミス・入力ミスをなくすことができます。

③ 不可分性

サービス（無形財）は、提供する人が必ずその場にいなければなりません。つまり生産と消費が同時に行われます。

対応策としては、一度に多数のお客さまに対応できるサービスを提供する仕組みを構築することです。または、サービスを記録・保存する方法を構築します。たとえば、寿司店では、職人が注文をつど聞いて握りをつくっていますす。回転寿司店では、販売動向を分析して、売れる寿司を回転するレーンに乗せることで、大量にお客さまに寿司を供給するサービスをつくり上げました。

④ 消滅性（非貯蔵性）

サービス（無形財）は、生産と消費が同時に行われ、在庫にすることができません。

⑤ 需要の変動性

サービス（無形財）の需要は、季節、週、さらには1日の時間帯によってかなり変動します。「消滅性」・「需要の変動性」の対応策としては、〝需要〟と〝供給〟を管理することです。

需要の管理について、レストランの予約を考えてみましょう。予約が取れないことは潜在的なクレームです。予約システムを導入することで、ピーク時の需要を別の時間帯へ事前に移動させることができます。インターネットで「レストラン予約システム」と調べると、さまざまなアプリが出てきますので、参考にしてください。

供給の管理では、レストランのピーク時のクレーム例をあげてみます。「料理をいつまで待たせるんだ!?」とクレームをいただいたことはありませんか？ 対応策としては、ピーク時にパートタイムの従業員を増やす、料理の供給効率を高める、セルフサービスの導入でお客さまにサービスへ参加してもらう、などがあります。また、これらを組み合わせることで、劇的に解決することができます。

ひと言で「サービス」と言っても、さまざまな特徴があることをご理解いただけましたでしょうか。それぞれの特徴をとらえて対策をすることで、クレームは必ず減らすことができます。

1. 時間とクレーム
料理の提供に時間がかかる

「料理が遅い！」と怒るお客さま

こちらは、東京都内のターミナル駅から歩いて5分ほどのところに新規業態を開店させたお店です。自慢の焼き鳥は香味野菜の効いたタレが特徴で、冬は鶏鍋をメインとした鶏肉料理を中心とする居酒屋です。

オープンキッチンにはカウンターとテーブル席を配置し、オープンスペースに垂れ壁や和提灯で間仕切りをし、木を活かした落ち着いた和風の店内装飾にこだわっています。

オープンして間もない頃のことです。料理や飲料の提供に時間がかかり、お客さまのほとんどがイライラしていました。そこに、8人ほどのグループで宴会コースを頼まれた中年の男性客が「いつまで待たせるんだ！」と声を荒らげました。すぐにホールスタッフが「申し訳ございません」と謝りましたが、料理や飲料が早く出てくるわけでもなく、イライラは収まりません。

原因は、オープンしたばかりのはじめての業態ということや、スタッフの不慣れにありました。具体的には、スタッフが「不慣れなため、料理をつくるのが遅い」「注文をまちがえては取り消す」といった調子で調理場も混乱し、スタッフ間の伝達ミスなども重なり、ミスがミスを呼んで想定以上に時間がかかっていました。

そのうえ、レジの操作も不慣れなために、さらにお待たせしていました。激高したお客さまは「二度と来ない！」と捨て台詞《ぜりふ》を吐いて帰っていかれました。

待ち時間のイライラをおさえるコツ

料理や飲料の提供に時間がかかると

いうクレームは後を絶ちません。「ランチの待ち時間は10分まで」という方が4割というデータもありますが、ディナーの提供では、感覚的に15分を過ぎると「もう待てない」というお客さまが多くなります。当然、ディナーとランチでは、お客さまが食事にかけられる時間は異なるものの、料理の提供時間は10分間隔までを目安にするとよいでしょう。提供時間から逆算すると、どこまで仕込みや準備が必要か、あらかじめ決めることができます。

　また、10分以上時間を要する料理には何かしら理由があります。たとえばご飯物であれば「炊き時間40分のため」、パスタであれば「茹で時間10分のため」、鶏モモ肉の1枚ものなど大きな焼き物であれば「調理時間20分」と注文を受ける際に必ず理由を添えます。

　お客さまも、説明なしに待たされるとこの時間は嫌な待ち時間にしかなりませんが、食材や料理へのこだわりがみえると「できたてホヤホヤのおいしいものを食べるため」や「料理人がわたしのためだけに使っている、たいせつで必要な時間」という意識に変わり、怒りはわきません。なお、お客さまへのお伝えもれがないように、メニュー表に料理提供までの時間を書いておくこともおすすめします。

失敗のリスクは低減できる

今回の事例のように、新しいことに挑戦するときは何ごとも失敗がつきものなのかもしれません。挑戦なくして失敗もないのですが、事前の対応で失敗のリスクを最小化することは可能です。

　中小企業診断士仲間が顧問をしている外食チェーンでは、通常営業の前にお世話になった方がたを中心にお招きし、満席の状態でテスト営業をしています。負荷テストを通常営業前に行うことで、各ポジションでのミスや不足を洗い出し、オペレーションの改善を行います。「待たされたから、あの店はダメだ」となり二度と来店していただけないリスクを回避し、費用については、スタッフ教育として割りきって行っています。

　本番の前に練習を行うのは、料理に限らず、飲食店経営においても当たり前のこととしていきましょう。

第2章　／　実際のクレーム対応あれこれ

1. 時間とクレーム

呼んでも来ないホールスタッフ

突然休むアルバイトスタッフ

こちらは、札幌市内の居酒屋の事例です。駅前から徒歩3分の立地で、地下フロアには客席が100近くもあることから近隣のビジネスマンの宴会用として人気です。料理はザンギ（鶏の唐揚げ）がおいしいと、地元のビールとともに喜ばれています。

とある金曜日、予約で席が全部埋まり、「今日も忙しくなるぞっ！」と店長が気合いを入れたところでSNSを介して連絡が入りました。アルバイトスタッフが「体調が悪くて行けない」というのです。ホールスタッフが4人から3人となり、「1人減でもなんとかなるかな…」と店長が思っていると、出勤時間になっても新人アルバイトスタッフが出勤してきません。電話やSNSによるメッセージにも返事がなく、突然辞めてしまったようです。

ホールスタッフが2人も、しかも突然来ないとなると、もうどうにもなりません。店長はあわてて出勤シフトではなかったアルバイトスタッフに出勤をお願いし、なんとか1人が遅れて出勤することで対応できました。予約のお客さまを断るわけにもいかず、営業を開始しましたが、案の定、料理も飲み物も提供が間に合いません。

呼び出しボタンの連打

そこに追い打ちをかけたのが、呼び出しボタンの連打です。テーブルからの呼び出しチャイム音が鳴り止みません。しまいには、「おい、どうなっているんだ！」と男性客が怒り出しました。幹事として職場の懇親会を開いているところで、「料理も飲み物も待たされて、懇親会がしらけてしまう！」

とアルバイトスタッフをつかまえてお怒りです。そして、さらに次の提供も遅れていくという悪循環に陥ってしまいました。

こうなると、この日の営業はどうしようもなくなり、オーダーに対して遅れながらも淡々と提供を続けるしかありません。店長もホールスタッフも、お客さまに平謝りの連続です。その姿を見た多くのお客さまは、口には出しませんが、待たされてうんざりした表情を浮かべていました。

難しい人員配置

このことがあって以来、店長はピーク時には少し余裕をもたせた人数のシフトで対応し、ピークが過ぎると早めにアルバイトスタッフを帰らせることにしました。こうすることで、人員配置的にも人件費的にも、うまくマッチします。

今回の事例では呼び出しチャイム音の悪いところが目立ってしまいましたが、呼び出しボタンを設置することでスタッフがホールに常駐する必要がなくなることから、本来であれば費用対効果からもスタッフの人数をできるだけ減らしたいという飲食店には効果的なツールです。

お客さまをお待たせするときのお声がけ

ところで、お客さまをお待たせするときのひと言ですが、「少々お待ちください」と「ただいま、まいります」、どちらがよいと思われますか。ここで大事なのは、主体がお客さまにあるということです。

お客さまにとって心地よいお声がけを日頃からできるよう、スタッフ教育の充実を図ってみてはいかがでしょうか。

2. 隠れたクレーム

接客で クレームの芽を摘む！

お客さまの「大丈夫」は「大丈夫ではない」

　こちらは、地方の国道沿いの中華料理屋の事例です。男性アルバイトが料理の提供中、40代の男性のズボンにコップの水をこぼしてしまいました。男性アルバイトがすぐに「すみません」と必死に謝罪すると、お客さまも「大丈夫だよ」と言われたので、何ごともなく済んだと思い、そのまま仕事を続けました。

　しばらくして食器をさげようとしたところ、このお客さまがいきなり「この店は、客に水をかけておいて店長も謝罪に来ないのか！」と激高されました。男性アルバイトは、「大丈夫だよ」とか「気にしなくていいよ」と言われて、本当に大丈夫だと思っていました。しかし、お客さまの「大丈夫」は「大丈夫ではない」のです。店長は、あわててお客さまのところに駆けつけて謝罪し、なんとか許しを得ました。

　お客さまは、男性アルバイトを気づかって「大丈夫」と言ったものの、内心では、まったく許していなかったのです。そして、料理が空いた皿をさげにきたタイミングで激高されたのです。お客さまは「いつ責任者が謝りにくるのか」と思っていたのに店長が謝りに来なかったものですから、だんだんと怒りがたまっていってしまいました。そして男性アルバイトも店長も、お客さまのモヤモヤした気持ちに気づけず、そのままにしてしまいました。

　では、このようなときにはどうしたらよいのでしょう。従業員教育のなかで、お客さまとの些細なできごとでも必ず店長に報告するように指導します。アルバイトには、お客さまの「大丈夫」は「大丈夫ではない」ことをしっかりと伝えます。今回の事例のように、お客さまから「大丈夫」とか「心配しなくていいよ」と言われると従業員は安心してしまい、報告が怠りがちになることを念頭に進めてください。〝「大丈夫」と言われたら「大丈夫じゃない」、「心配しなくてもいい」と言われたら「心配しろ」と相手から言われている〟と考えるように指導します。

お客さまの動きを察する「先回りの接客」

お客さまの些細な行動やつぶやきは、なかなか見落としがちなところです。しかし、そこには多くのヒントが詰まっています。

お客さまのちょっとしたつぶやきの例として、食後に「あぁ」と言えば、満腹の「アァ～」なのか、料理が高いと感じた「あぁ」なのか、お疲れの「あぁ～」なのか、そのニュアンスによってクレームや満足度など、その先につながる言葉は違います。お客さまのどういった態度から出た言葉なのか、どんな表情なのかで、その意味合いは大きく異なります。

たとえば、会計が終わったあとにお客さまがレシートをじっと見るなどしていたら、ちょっと気になりますよね。会計にまちがいがあったのか、料理と価格のバランスに不満があったのか…などを想像することができると思います。

普段からこうしたお客さまの声にならない動きを察して先に声がけをすることで、先回りの接客ができて満足度を上げることができます。こうしてクレームの芽を早めに摘むことで、大きなクレームにつながる事態を減らすことができるのです。

2. 隠れたクレーム

クレームがないのに なぜ売上が落ちるのか？

じわりと下がる売上

こちらは、北関東の中核都市の駅前にある居酒屋の事例です。郷土料理と地酒の品揃えの充実ぶりで、平日でも予約が取りづらい人気のお店でしたが、どうも最近客足が伸びません。そのようななか、お客さまへのヒアリングから得た小さな変化をもとに「クレームを科学」してみましょう。

ヒアリングで得られたお客さまの声は、従業員への不満。料理やお酒の満足度は高いものの、従業員の態度が悪いというのです。たとえば、「注文で呼んでも来ない」「店員の対応が悪い・無反応」「店員の愛想がない」というのです。どんなにすばらしい立地（場所）ですてきな料理を提供しても、サービスの質で店の価値を落としていることがわかります。

さて、第1章（8頁）でご紹介した「ジョン・グッドマンの法則」によると、不満をもったお客さまの96％は、不満を訴えることをしません。裏を返せば、クレームをたいせつにして改善できるのは、わずか4％のお客さまが与えてくれる貴重な機会なのです。クレーム対応を逃すことで、気づかないうちにじわりとお客さまは離れていってしまいます。

少しずつ売上を落とすイメージはできますか？ たとえば、前年比売上を2％ずつ落としたとしましょう。わずか2％ずつですが、5年後には売上が約90％になってしまいます。じわりと売上が下がり、気づいたときには損益分岐点比率95％（食堂、レストラン・全国平均※）を大きく割り苦労をすることになります。

※「TKC経営指標」速報版（宿泊業・飲食サービス業）
https://www.tkc.jp/tkcnf/bast/sample/

顧客満足から顧客体験へ

お客さまの小さな不満への対応として2010年頃から言われているのが、顧客体験の向上です。背景としては、SNSの普及により、フォトジェニックな（＝写真映えする）〝コトの体験〟の価値が向上しました。

〝モノ〟から〝コト〟へ消費が移行してきたことにより、飲食店でもお客さまの一連の行動（顧客体験の一連の流れ）を意識する必要が出てきました。「顧客体験の一連の流れを意識する」ためには、お店にいる時間だけではなく、その前後のお客さまの行動も含め、お店で過ごす以外の経験も重視します。

2010年以前から言われているように、従業員満足が顧客満足を上げるという意識も重要ですが、「店舗検索→検討→決定→予約→来店→消費（食事）→退店→投稿」前後の行動にも気を配ります。たとえば、〝ウェブ予約ページに電話番号がなくて困った〟〝予約がいっぱいで行きたくても行けない〟といったことでも、お客さまにとっての体験価値は下がるのです。そして先ほどの店舗のように、「郷土料理」という店舗コンセプトに期待を寄せてきたのに〝地元代表でもある従業員の愛想がない〟というようでは、お客さまが期待していた体験価値とのギャップが生まれ、お客さまをがっかりさせてしまうのです。

自店の顧客価値はどうなっているのかを考え、不備がないか点検をしましょう。たとえば愛想がない従業員がいるならば、まずは〝積極的なあいさつ〟、そして〝店内ラウンド（手が空いたときにお客さまのテーブルを回りサービスをすること）〟の意識づけを店舗コンセプトに沿って行います。

3. シニア対応
怒れるシニア

お客さまとともに成長するお店

この事例は、中国地方にある老舗のスパゲティ屋です。1970年代に都市部から郊外に向かう幹線道路の整備にあわせてロードサイドに出店し、人気を集めました。アメリカン調の店内装飾と、お客さま自身が味やボリュームを自由に選べることが売りもので、根強い人気があります。老舗ということもあり、当時若かったお客さまも、今では家族連れで来店する姿が見られます。

このお店では従来、店内で喫煙するお客さまが多かったのですが、年々増えてきたファミリー客やタバコを吸わないお客さまから禁煙の要望が増えてきたことから、2020年の健康増進法改正※に合わせ全席禁煙にしました。もともとの客層といえば、店舗のアメリカンな雰囲気とタバコとアルコールを楽しまれるお客さまが多かったことから、そうしたお客さまを裏切らないためにも時間帯やエリア別に分煙化を進め、理解を求めつつ全席を禁煙にしました。

※2020年4月、健康増進法の一部を改正する法律が全面施行され、屋内は原則禁煙となりました。喫煙には、事業者の分類に沿った喫煙室の設置が必要となりますが、自治体によっても異なります。詳しくは厚生労働省ホームページや各自治体へご確認ください。
https://jyudokitsuen.mhlw.go.jp/business/restaurant/

全席禁煙化にキレるお客さま

「なぜ突然、禁煙席になるんだ、どういうことだ！」と、激しく怒鳴《どな》る70歳前後と思しきお客さま。スタッフが「お店で決まったことですので」と事務的に返事をしたのがいけなかったようで、怒りはなかなか収まらず大きな声で抗議をされ続けます。店長がお話をうかがっても、「タバコを吸う権利がある！」と怒りが収まりません。

致し方なく、店長は「もうご来店くださらなくて結構です」と、そのお客さまを出入り禁止としました。お客さまは帰り際に「許さんぞコノヤロー、こんな店二度と来るか！」と捨て台詞《ぜりふ》を吐いて出ていかれました。

このタバコの件のほかにも、高齢の一部のお客さまから食材の原産地や料理の由来などを聞かれてスタッフが答えられないと、「勉強不足だ」「それでもスパゲティ専門店なのか」とお叱りを受けることが多くなりました。

クレームには礼をもって接する

年配のお客さまに限ったことではありませんが、お客さまの怒りを鎮めるためには、お客さまに寄り添った姿勢が求められます。「お怒りは理解できます」と言ったうえでお話をうかがうと、「タバコを吸うところがなくなり困っているが、喫煙を子連れのお客が嫌がることも理解できる」というのです。お話をうかがったうえで、店内での喫煙はできないが、店外に喫煙者用のコーナーを設けることでお客さまの理解を得たお店もあります。

年配のお客さまの傾向として「お店のためを思い、よくなるように言ってあげている・指導してあげている」と考えている場合が多くあります。こうしたご意見をいただくお客さまには、そのお申し出に感謝する姿勢が重要です。また、改善要求に対してすべて応えることはできなくても、期限を決めずに改善を約束することもよいでしょう。そうしたご意見に耳を傾けることで、常連客になってくださる方もいます。

お話をうかがう際には、第1章11頁でご紹介した「傾聴」を心がけましょう。相手の言ったことに対する相槌《あいづち》や復唱などのほか、「申し訳ありませんでした」「ごもっともです」と相手の心に響く言葉を述べると「よくわかってくれた！ そういうことなんだよ」と前向きな言葉がお客さまから出てきて、解決に向かっていきます。

3. シニア対応
シルバーモンスター

しつこい話と暴言

こちらのお店は、東北地方で40年営業している居酒屋です。地元の酒と魚介料理を中心とした肴を提供し、お客さまからは「何を食べてもおいしい！」とグルメサイトでも満足度の高い店として知られています。大将1人とスタッフ1人の2人体制でも対応可能な、カウンター7席にテーブル2つ合わせて20席の構成としています。また、店内装飾として地域のお祭りの提灯を吊るして趣を出しており、昭和の演歌を流して港町の雰囲気を演出しつつ、比較的リーズナブルな価格帯を実現し、地元客や旅行客と多くのお客さまで賑わっています。

ところが最近、1人でいらっしゃる高齢のお客さまから、しつこく話しかけられたり、酔っ払って暴言を受けたりすることが増えて悩んでいました。

怒る高齢者

今回の事例のように、高齢者からクレームを受ける割合が増えているという声を聞くようになりました。クレームについて年齢別にまとめたアンケート調査によると「クレームを言ったことがある」と答えた方は、年代が上がるにつれ割合が高くなる傾向にあります。高齢者のクレームの増加に伴い、「シルバーモンスター」という言葉も生まれています。

少し別な角度から見てみましょう。法務省によると、国内の犯罪数や凶悪犯罪は減少傾向にあります。これまでは、血気盛んな若者が犯罪を起こし、高齢者が被害にあうという構図で語られてきたことから、粗暴な行為をするのは若者である、との誤解があります。実際には、検挙率を見てみると、少年による刑法犯は刑法犯全体のうち令和４年は９・１％と、ピークである平成元年（53％）の約6分の1まで低下する一方で、高齢者率は23・１％とほぼ一貫して上昇し、今後も増加することが予想されています。※ クレーム対応も、高齢者向けが増えることを前提に対応します。

※法務省「令和5年版 犯罪白書」
https://www.moj.go.jp/housouken/houso_hakusho2.html

5つの発生パターン

対応として、高齢のお客さまから発生するクレームをパターン別に理解しておくことで、心の余裕を得ることができます。次に5つの発生パターンを示します。

① 識者の説教パターン

本気で店をよくしたいと思っており、善意として豊富な知識で攻めたてる

② お年寄りは大事パターン

身体的な衰えを理由に過度な要求をしてくるが、断ると逆ギレする

③ 自己中心的パターン

女性や若者など自分よりも弱者と認識すると自身の存在感を誇示する

④ 偏愛・理想パターン

自身の理想を押しつけて、聞いてもらえないときや実現されないときに爆発する

⑤ 寂しい・時間泥棒パターン

従業員のプライベートや自身の話など要求が不明確で作業時間を奪う

5つの発生パターンから、金銭的なことよりも根底にあるのは「承認欲求を満たしたい」ということがわかります。特徴としては、従業員個人に対する罵声や非難のくり返しになりますが、対策として「人・場所・時間」を変えることで従業員が本来業務に復帰できるようにします。

4. 国際化とクレーム
フリードリンクの誤解

国土交通省によると、2024年の訪日外客数は月次300万人を超えて推移しており、コロナ禍前を大きく上回って推移しています。インバウンド需要をは年々増加しているため、対応したメニュー提案は欠かせません。

「飲み放題」をめぐる外国人客からのクレーム

この事例は東京都内、山手線沿線の居酒屋です。オフィスビルに囲まれたビル地下の立地ですが、大人数の宴会需要にも対応しています。また、内装に酒樽を模した装飾で部屋割りを行うことにより、少人数のお客さまにとって居心地のよいプライベート空間をうまく創出しています。九州料理を前面に押し出し、豊富な焼酎の品揃えと辛子明太子やモツ鍋が人気です。日本的な内装も受けてか、外国人客も増えてきました。コース料理にプラス2000円で、アルコールを含むドリンクメニューを飲み放題で提供しています。

ある日、日本語が不得手な欧米人の男女4人グループのお客さまが、「飲み放題」メニューを注文して楽しく飲んでいました。クレームは、お帰りの際に起こりました。レジでのお支払い時に「金額が違うのではないか、高い！」とお怒りです。よくわからずあわてたレジ係は、店長を呼びました。

2人でていねいにお聞きすると、どうやら「『飲み放題』の料金分が高い」と言っていることがわかりました。「飲み放題」プランについて何度か言い方を変えて説明しお客さまにご理解をいただき、お支払いいただたものの、なんとも後味悪く帰っていかれました。

日本と海外で異なる「フリー」の解釈

日本では一般的な居酒屋の「飲み放

題」メニューも、海外では一般的ではありません。こうした事情を理解していればよかったのですが、原因は接客係の学生アルバイトの説明不足でした。

　説明の仕方を確認すると、外国からのお客さまへも日本人客と同じように「飲み放題」プランを「フリードリンク」と説明していたのです。たとえば、「フリーペーパー」のように「フリー」は海外では「無料」の意味で使われることが多く、その説明を聞いた欧米人のお客さまは、「飲み物無料」と勘違いをされてしまったのです。

　店長はクレームを活かして、外国人向けのメニューを改定し、「飲み放題」についての説明もひと目でわかるようにしました。「飲み放題」の英語表記例として〝All-you-can-drink for 2,000 yen（2000円で飲み放題）〟をおすすめしています。

　「飲み放題」メニューの金額は日本人向けに設定しますが、一般的にビール・酎ハイなども合わせて4〜5杯を平均値として計算します。ただし、外国人のなかでも欧米人は日本人に比べてアルコール耐性が強い方が多いためか、1・5〜2倍程度飲みます。これでは採算が合わなくなってきますので、外国人需要を多く望む場合は〝高品質にして単価を上げる〟か〝原価率の高いビールは避ける〟など戦略を考えなくてはいけません。

「できる」「できない」をはっきり伝える

　外国人のクレームも、国によっては口調が強く怒って言っているように聞こえます。しかしよく聞いてみると、単に何かを要望しているだけのことも多いのです。強い口調で言われると「要望」なのか「クレーム」なのかを聞き分けるのは難しいところですが、お客さまの要望をクレームへ発展させないことは日本人のお客さまと一緒で、ていねいに聞くことがポイントです。

　また、外国人からのクレームは今回の事例のように、意思疎通がうまくできないことで日本人とは違った対応の難しさがあります。「できることと、できないこと」をはっきりとお伝えすることが重要です。インバウンド需要にも対応して、海外のお客さまにも快適な店づくりを目ざしましょう。

4. 国際化とクレーム
食品に対する忌避

お客さま対応が進む外資系ホテル

こちらの事例は、関西地区の海辺の観光地にある有名な外資系ホテルチェーンです。コロナ禍が明けると国内観光客需要を中心に徐々に客足が戻り、賑わいをみせています。

コロナ禍の集客の手法としては、国内にいながら外国気分を味わってもらおうと「ハワイアンキャンペーン」などを行い、インバウンド需要が戻るまでは国内需要をつかみ、しのぎました。こうした取組みにより、海外旅行ができなかった富裕層の需要をとらえたのです。

外資系ホテルでは、お客さまの事情や好みに合わせた食品の忌避《きひ》への対応が進んでいます。忌避とは「嫌って避けること」ですが、食品に対してはアレルギーや宗教上の理由など、人によってさまざまな忌避があります。

食物アレルギーへの対応

食品表示法等では、食物アレルギーの特定原材料等として28品目を定めています（表）。そのうち、症例数や重篤度から勘案し8品目を「特定原材料」として表示を義務づけし、20品目は特定原材料に準ずるものとして表示が推奨されています。表示の対象は、容器包装されたアレルゲン（食物アレルギーの原因となる物質）を含む加工食品および添加物です。

ただし、飲食店や出前など設備を設けて飲食させる食品、ばら売りや量り売りなど容器包装に入れずに販売する食品は、表示の対象としていません。つまり、外食・中食では食物アレルギーに関する情報提供が義務づけられていないのです。

しかし、料理に含まれるアレルゲンの情報がないと、食物アレルギーのあるお客さまは判断できず、外食・中食を利用することができません。多くのお客さまに食事を楽しんでいただくために、あいまいな回答をせず、最新で正確な情報やアレルゲンの意図しない混入があることなどをお客さまに伝え、判断していただけるようにします。

食のバリアフリー

食物アレルギーにかぎらず、ハラル（ハラール）、ヴィーガン、ベジタリアンなど、なんらかの食品を摂取しない、またはできない人は世界人口の約1割となっています。そのため外資系ホテルでは顧客が日本人にかぎらないことから、多様な顧客との接点においてアレルギーのみならず、食品の忌避への対応にすぐれています。

また、過去には、大量調理手法や冷凍食品などが1964年の東京五輪など大きな国際イベント時に新たに導入され、定着していきました。大量調理は個別対応が難しいものの、2025年に大阪・関西万博が開催されるなど、今後も国際的な大規模イベントが続くことから、多様化する食の規律・制限への対応が不可欠になります。

忌避食品に対応するには

たとえば、外資系ホテルでは宿泊受付時に、食への配慮の要・不要に関するチェックシートを設けて確認しています。同じ肉類でも、牛・豚・鶏・羊・ヤギ・ウズラ・七面鳥・ウサギ・内臓肉など、細かな食材名を記載し、○印をつけるだけでよい簡単な様式としています。

チェックシートの作成方法としては、メニュー別ではなく「野菜・肉・魚介類・木の実・果物・豆類」などカテゴリー別に整理すると、お客さまにわかりやすくなります。また、食材のピクトグラムを表示して、言葉がわからなくても使用食材をお伝えする方法もあります。

食物アレルギーなどの対応だけでなく、食材の好き嫌いへの対応にも活かすことでホスピタリティを発揮し、選ばれるお店になりましょう。

表　食物アレルギー表示対象品目

特定原材料（義務表示）【8品目】	特定原材料に準ずるもの（推奨表示）【20品目】
えび、かに、くるみ、小麦、そば、卵、乳、落花生（ピーナッツ）	アーモンド、あわび、いか、いくら、オレンジ、カシューナッツ、キウイフルーツ、牛肉、ごま、さけ、さば、大豆、鶏肉、バナナ、豚肉、マカダミアナッツ、もも、やまいも、りんご、ゼラチン

〈参考資料〉
●消費者庁「食物アレルギー表示に関する情報」
https://www.caa.go.jp/policies/policy/food_labeling/food_sanitation/allergy/

5. SNSとクレーム

SNS投稿への対応

不満をSNSに投稿するお客さま

この事例は、東京都内のオフィス街の駅前にある立呑《たちのみ》バーです。「安い、早い、美味《うま》い」と三拍子揃い、料理は鮮度のよさとボリュームに定評があり若い客層を中心に人気です。また、SNSに日替わりメニューを掲載し、情報発信することも欠かしません。

先日、SNSへお客さまからの投稿がありました。「昨日は催促するまで、最初のドリンクが全然出てこなかった！」という内容です。このコメントにのる形でほかの方からも、「しばらく行かない」といったネガティブなコメントが続きました。

すみやかにコメント返信

こちらのお店では最近アルバイトスタッフの入れ替わりがあり、どうやら不慣れな対応をしてしまったようです。

お客さまの不満げな投稿に気づいた店主はすかさず「昨日はご迷惑をおかけして申し訳ありませんでした。今後、さらに従業員を教育していきます。コメントをありがとうございました」と返信しました。お客さまは「まさか返事をしてもらえるとは…。また通います」と肯定的な投稿をし、どうやらお店は常連客をつなぎとめられたようです。

タイトルで主旨を伝える

お客さまはSNSなどのクレームであっても、対面や電話でのクレームの申し出と同様に、店舗がきちんと対応してくれることを求めています。

また、電子メールの場合、お客さまはクレームを申し出たあと、返信を

「待つ」というより「待たされる」と感じる傾向があるため、初期対応がたいせつです。たとえば、電子メールのタイトルはお詫びの文言からはじめ、本文を読まなくても主旨がわかるようにします。

対面と同じように対応する

お客さまはSNSにクレームを投稿する前に、店舗に直接申し出る場合が少なくありません。

今回の事例でも、最初のドリンク提供が遅れたことが原因です。お客さまは、「催促したにもかかわらず、きちんと対応してくれなかった」と感じて投稿されたのです。店舗で適切な対応ができていれば、今回の投稿も防ぐことができました。

そのほかの事例としては、「クレーマー扱いされた」「言い訳ばかりで謝罪がなかった」など、店舗側の対応に納得いかず投稿されることがあります。

成功している店舗では、すべての投稿に対してお礼のコメントをつけ、お客さまとの関係性を高める努力をしています。SNS対応は、意外と時間・手間を要するため、対応するスタッフの役割や時間を決めて行います。

デジタルマーケティングへ最初の一歩を

どんなにおいしい料理やテイクアウト等のサービスがあっても、お客さまに知っていただかなくては売上につながりません。とはいえ、ホームページを作成し、検索サイトの結果に表示されるよう各種設定をするのは、意外と手間暇がかかります。そのため、無料で使えるおすすめ機能をご紹介します。

各インターネット検索サイト※では、無料で最新のビジネス情報を掲載する機能の提供を行っています。たとえば、「和食　持ち帰り」というキーワードで検索すると、検索結果画面に店舗の基本情報・写真・地図を上位に表示させています。

このような無償でも集客力の高い機能を有効活用し、デジタルマーケティングへの最初の一歩を踏み出してはいかがでしょうか。

※Google ビジネス プロフィール
https://www.google.com/intl/ja_jp/business

※Yahoo! プレイス
https://yplace.yahoo.co.jp

5. SNSとクレーム
ステマ規制

口コミの依頼

こちらのお店は、コロナ禍に都内のオフィス街で開業した持ち帰り専門の弁当屋です。にんにく醤油を効かせた唐揚げ弁当が人気で、メインのお客さまは近隣の30～50代男性会社員です。さらに売上を伸ばすためには、店舗認知度の拡大による客数増加が課題となっています。

そこで、店主は、友人にグルメレビューサイトへの投稿を依頼することを検討中ですが、令和5年10月からはじまった「ステマ規制」への対応が必要です。

グルメレビューサイトのメリット

多くのお客さまは、お店選びを失敗したくないことから、事前にインターネットで情報収集をしています。インターネットが普及する前は、お客さまのお店選びの基準の一つとして、チェーン店の安定した品質がありました。しかし、スマートフォンの普及に伴い、お客さまのお店選びにグルメレビューサイトがよく利用されるようになると、隠れ家的な小さな店でも簡単に注目されるようになりました。すると外食チェーン店でも多様な業態であることも魅力となり、店舗業態展開にも変化がみられました。新規店舗にとって、認知拡大が期待されるレビューサイトへの掲載は非常に重要で、掲載がなければ「存在しない」と感じる方も少なくありません。

口コミの注意点

令和5年10月1日から消費者庁は「一般消費者が事業者の表示であるこ

表1　不当な表示（景品表示法）

優良誤認表示 （第5条第1号）	取引内容（商品・サービスの品質、規格その他の内容）が著しく優良であると誤認
有利誤認表示 （第5条第2号）	取引条件（商品・サービスの価格その他取引条件）が著しく有利であると誤認
内閣総理大臣が指定する表示 （第5条第3号）	原産国等やおとり広告の不当表示
	一般消費者が事業者の表示であることを判別することが困難である表示（令和5年内閣府告示第19号）

下線部が令和5年10月施行

表2　事業者が第三者をして行わせる表示について

運用基準	注意点
事業者が第三者に対して当該第三者のSNS上や口コミサイト上等に自らの商品又は役務に係る表示をさせる場合。	インフルエンサーにSNS投稿を依頼した場合は「広告」、「宣伝」、「プロモーション」、「PR」といった表示をする。
ECサイトに出店する事業者が、いわゆるブローカーや自らの商品の購入者に依頼して、購入した商品について、当該ECサイトのレビューを通じて表示させる場合。	ECサイトの購入者へのレビュー依頼もステマ規制の対象。 高評価を依頼する代わりにギフトを送るのもステマ規制の対象。
事業者がアフィリエイトプログラム※を用いた表示を行う際に、アフィリエイターに委託して、自らの商品又は役務について表示させる場合。	アフィリエイターに「広告」、「宣伝」、「プロモーション」、「PR」の表示をすることを報酬の支払条件とする。
事業者が他の事業者に依頼して、プラットフォーム上の口コミ投稿を通じて、自らの競合事業者の商品又は役務について、自らの商品又は役務と比較した、低い評価を表示させる場合。	競合他社への低評価の口コミもステマ規制の対象。そもそも営業妨害にあたるので違法行為。

「一般消費者が事業者の表示であることを判別することが困難である表示」の運用基準（令和5年3月28日 消費者庁長官決定）から一部抜粋

※アフィリエイトプログラムとは、インターネットを用いた広告手法の一つのこと。あらかじめ定められた条件に従って広告主から成功報酬が支払われる成果報酬型の広告

とを判別することが困難である表示」広告に関する新しい基準を施行しました。いわゆる「ステルスマーケティング（ステマ）規制」とも言われるもので、景品表示法（不当景品類及び不当表示防止法）の禁止行為として指定されました（表1）。ステルスとは「こっそりする」、マーケティングは「広告や宣伝」のことです。つまりステマとは、消費者に隠して商品やサービスを宣伝する手法のことです。消費者を欺《あざむ》く可能性がある広告宣伝であることから、規制の対象となりました。

今回の店舗での口コミ投稿も、友人やインフルエンサーを通じたものには特に注意が求められます。多くの方がSNSを利用した広告や宣伝を検討していることかと思います。この新しい規制に合わせて、注意すべき点を表2にまとめましたので、マーケティングの参考にしてください。

6. デジタル注文とクレーム
お店の価値は何か

路地裏の洋食店

こちらのお店は、都心の住宅街の路地裏にひっそりとある、こぢんまりとした洋食店です。店内は古民家の風情を活かした落ち着いた雰囲気で、ランチタイムには周辺の会社員が頻繁に訪れます。提携している農家から有機野菜を取り寄せ、ソムリエ資格をもつオーナーシェフが多彩なメニューを提供しています。コロナ禍はワンオペで対応してきましたが、お客さまも増えてきたことから、従業員を雇うか注文にスマートフォンやタブレットを導入するかを検討していました。

スマートフォンやタブレット注文のクレーム

タブレットを用いた注文の効果として、オーダーミスを減らすだけでなく、注文の待ち時間を短縮し、接客時間を短くすることがあります。一方で、予想外のクレームが生じることもあります。

実際に導入している店舗では、在庫管理のためにタブレットを操作していたスタッフが「仕事中に携帯をいじって遊んでいる」との指摘を受けたり、スマートフォンで注文を取るスタッフが「ちゃんと注文を聞いて」と言われたりするなど、お客さまから誤解される事例もあります。また、タブレットでの注文方法がわからない高齢者からは、「注文方法がわかりづらい！口頭で伝えたほうが楽では？」「タブレット注文がわからないからもう行かない」という声をお聞きします。

誤解を生まない対応策と顧客親密性

デジタルツールを導入した際に誤解

を生まないためには、タブレット操作の目的を明確に顧客に説明しておくことが有効です。店内の目立つところに「オーダー・在庫管理にデジタルツールを使用しています」といった告知を掲示し、スタッフがお客さまに声をかける際に説明します。

今回の事例のように「デジタルツールは本当によいのだろうか」という声をいただきます。判断基準の一つとして、「顧客親密性※」が重要になると説明しています。今回の事例の店舗のように固定客が増えた飲食店は成熟した市場と考えられます。個人経営の飲食店では、店主とお客さまが顔なじみになり個人的な話題などが共有されるようになります。そうするとその店や店主の人柄に好意をもち、お店の価値は料理の提供スピードや価格ではなく居心地のよさをポイントとしてとらえるようになるのです。

※米国の経営コンサルタントが提唱した「企業と顧客間の親密性（intimacy）」のこと。カスタマー・インティマシーとも言い、顧客と親密になることで、その関係を強固なものにし、長期的・安定的に戦略的優位性を目ざす考え方

接客重視の対応

今回のお店が選択したのは「タブレット注文を導入しない」というものです。大手飲食チェーン店で非対面型のオーダーが主流となるなか、あえて人手を必要とする接客を重視することで、お客さまとのコミュニケーションを深め、満足度を高めることでリピーターの増加が期待できます。一方で、手書きオーダーと復唱確認は時間と人件費を必要とします。また、すべてのお客さまが接客を求めているわけでもありません。

自店舗はどうしたらよいかは、接客を重視することで得られる利点や、新たなシステム導入に際しての利点と弊害を比べて決めます。お店の価値を落とさずに多くのお客さまを迎える準備をしましょう。

7. 汚損・破損対応

本当は従業員対応へのクレーム

汚損のクレーム

こちらは近畿地方にある居酒屋の事例です。浜辺の磯料理小屋をイメージした店内で、新鮮な魚介類を取り揃え、客席に設置したコンロでお客さま自身が焼くスタイルです。お客さまに焼いていただくことで、店側の調理の手間を省き、お客さまも熱々のうちに浜焼き料理を手軽に味わえると人気です。

　ある日、20代の若い女性2人が通りがかりに来店されました。アルバイトスタッフがビールジョッキを提供した際のことです。テーブルに置く際になみなみと注いだビールジョッキが少し斜めになり、こぼれたビールが机の角から女性の靴にかかってしまいました。こぼしてしまったスタッフはすぐに謝罪して、ふき取り用のおしぼりを提供しました。

　しかし、お客さまは「靴はブランド物で数万円する。しみになってしまうので対応してほしい」とおっしゃいました。店長が不在なことから、そのスタッフはお客さまの連絡先をおうかがいして、「後日こちらからご連絡します」と回答し、お帰りいただきました。

　後日、このお客さまから居酒屋の本

部にお怒りのメールが入りました。「店長から連絡すると言われたが、連絡がない。どうなっているのか?」という内容です。文面からは、靴の汚損を責めているのではなく、「どうして連絡をしてこないのか?」というお怒りが伝わってきました。今回のトラブルは、スタッフから店長への引き継ぎがうまくいってなかったことが原因です。

本部からの連絡を受けてすぐに店長が対応をして、お客さまのお怒りは収まりました。

汚損の補償範囲は?

お客さまが汚損クレームの際に求めてくるのは、補償です。よく言われるのは、「高級スーツが汚れた」「高級時計がこわれた」など、損害に対する代替分の金額を求めるものです。しかし、損害賠償の範囲は「同等の一般商品の時価額まで」とされていますので、すでに身につけているものは中古品としての価値範囲と考えられ、希少性などは考慮されません。

基本的には、クリーニング代・しみ抜き料を損害賠償額とします。自社の対応方法を決めておく必要がありますが、クリーニング代などというやり取りの煩雑さを省くことも考慮に入れて、一律1件2000円としている会社もありますし、基本的にクリーニング代は出さないとしている会社もあります。

まずは一生懸命な姿勢を示す

今回のお客さまのお怒りのポイントは、従業員の態度と対応にあります。対応例としては、ビールをこぼしたことでお客さまにケガがないか確認し、謝罪のうえ一生懸命ふき取ります。しみになりそうであれば、ソーダ水などでしみ抜きを図るのもよいです。それらの際に「申し訳ない」という態度と「一生懸命対応させていただいている」という態度を示すことで理解を得られることが多いのです。

今回の事例では、汚損時にすぐに対応できず、その後の電話連絡もなかったために、クレームのポイントは「汚損」から「従業員対応」に移行しました。実は、従業員対応のまずさがクレームの本質で、あらためるべきはクレーム発生時の従業員の態度と対応にあります。

イベントなどのあわただしくなる時期は特に起きやすいトラブルです。今一度、クレーム発生時の対応について確認をしておきましょう。

〈参考資料〉

●民法(不法行為による損害賠償)
第七百九条　故意又は過失によって他人の権利又は法律上保護される利益を侵害した者は、これによって生じた損害を賠償する責任を負う。
https://elaws.e-gov.go.jp/document?lawid=129AC0000000089

7. 汚損・破損対応
バッシングのクレーム

出来立てを楽しむビュッフェ形式の食事

こちらは、部屋や大浴場からの富士山の眺望が自慢の温泉ホテルの事例です。夕食には主にビュッフェ形式を採用しています。オープンキッチンで料理人が料理を盛りつけるパフォーマンスをして、出来立て感やライブ感を演出しています。メイン食材の産地は地元にこだわり、専用の台に料理を盛りつけた大皿を置いて立体感をもたせ、見た目に美しく配色しています。

ビュッフェ形式は料理提供に人員を割かなくてよい半面、客席のテーブルに汚い食器が滞っていると目立つため、すみやかなバッシング[※1]が欠かせません。ホールスタッフは、中間バッシング[※2]と客席回転のスピードを上げ、客席の美観を損なわないように注力します。

※1　食器を下げること
※2　食事中に食器を下げること

スタッフがお客さまの背中にお皿を落として割る

そんななか、ホール内にガラガラガッシャーン！「痛いっ！」と、お皿の割れる大きな音と叫び声が響き渡りました。女性スタッフが空いた食器を重ねて運んでいたとき、手を滑らせ、家族で食事している高校生ぐらいの女性の背中にお皿を落としてしまったのです。

女性スタッフはすぐに、その女性客にケガがないか確認しつつ謝罪の言葉を述べ、ほかのホールスタッフが集まって床に落ちた料理や割れた食器を片づけました。背中にお皿を落とされた女性客はびっくりして大きな声を出しただけで、幸いにもケガはないようでした。女性客の着ていたホテルの浴衣が汚れたため、スタッフが替わりの浴衣をお渡ししてことなきを得ました。

細かな配慮が防ぐ大クレーム

この様子を、ほかのテーブルを片づけていた経験豊富な男性スタッフが見ていました。迷惑をこうむったファミリー客が食事を終え、ホールを出ようとしていたとき、父親とみられる男性客が心配そうに娘に声をかけている様子にベテランスタッフは気づきました。

実は、浴衣姿で素足だった女性客の足に、割れたお皿の破片が刺さっていたのです。女性客は背中にお皿を落とされた直後はホールで注目されることを嫌がり、「大したことはないから」と、ケガのことは黙っていたのです。

幸い、とても小さな破片だったために大事にならず、スタッフが絆創膏をお持ちして重ねて謝罪をすることで、大きなクレームには至りませんでした。異変によく気づいた、ベテランスタッフのファインプレーです。女性客のケガに気づいたこのスタッフは過去の経験から、お客さまがホールを出るまで注視することを心がけていたのです。

事故は予期せず起こるもの

ビュッフェ形式は、お客さまが好きなものを好きなだけ取ることができる半面、お子さまなど料理を運ぶことにあまり慣れていない方にもテーブルまで料理を運ばせることになります。

すると、料理や食器を滑らせたり、お客さま同士やスタッフとの接触で食器などを落とすことがあります。小さなお客さまが料理などをテーブルまで運ぶことはストレスでもあるので、スタッフは注意を払う必要があります。

今回、スタッフがお皿を滑らせた原因は、ピークタイムにバッシングを焦るあまりお皿を重ねすぎたことにありますが、真の原因は、お客さまが重ねておいたお皿をそのままバッシングしたことにありました。重ねたお皿に食べ残しや紙ナプキンが挟まれており、これに気づかないままバッシングし、お皿が滑り出てしまったのです。

多様なテーブルマナー

食事中や食後に食器を重ねておくことが食事マナーと考え、スタッフに配慮してくださるお客さまがいらっしゃるのですが、その前にスタッフが用済みの食器をすみやかにバッシングするのが理想です。

お皿を重ねておくというマナーは、回転寿司が普及したことで広まったと考えられますが、店舗形態によっては「食器に傷がつくから」とお客さまが食器を重ねることを嫌がります。食事マナーについての考え方はさまざまですね。

8. お金にまつわるクレーム
値上げ対応

サイレントクレーム

こちらのお店は、都心のハンバーガー店です。コロナ禍のテイクアウト需要の盛り上がりに対応したテイクアウト専門店としてオープンしました。客席を設けないことで、家賃や人件費などの固定費を削減し、いわゆるグルメバーガーを低価格で提供することを実現しました。

一方で、開店当初は受けた注文分を製造しきれない事態に陥り、お客さまからの「サイレントクレーム※」として〝待ち時間が長すぎる〟との声をネット上の書き込みで確認しました。キャッシュレスで注文も会計も済んでいるため、待たされることを受け入れがたいのです。

さらに、「ミートショック」と言われる牛肉価格の高止まりを受けてメニュー価格を上げざるを得なくなりました。すると〝ちょっと高い〟という新たなサイレントクレームが出はじめました。今後、価格に見合ったサービスの強化を検討しますが、店内に飲食可能な席を設けるとコストがかさみ、当初の強みが活かせなくなるため難しい判断を迫られていました。

※お客さまが直接店に伝えない不満やクレームのこと

値上げ対応

原材料価格や光熱費の高騰に加えて

人件費の上昇により、値上げの検討や実施をすでにされている店舗も多いと思います。特に輸入品は、急速な円安やロシアのウクライナ侵攻による穀物や原油価格の高騰の影響が大きくなっています。外食業界では、一般的に原材料の輸入品使用割合が高く、メニューへ価格転嫁しなければ適切な利益を確保することができません。

　では、値上げをどのように行うか。まずは、日頃からお客さまに不満がないかアンケートを実施することをおすすめしています。直接店舗に言わなくても済むように、紙での提出のほかにQRコードによるウェブアンケートで不満の声を集めて対応します。

　また、出店地域や商品により価格改定を変えます。人気の商品は価格を据え置き、子ども向けのメニューは逆に値下げ、都心の店舗の価格帯は固定費に合わせて値上げするなどの対応により影響を最小限に抑えます。

　今回の事例のように品目をしぼった専門店の値上げについては、もし安価な原材料を調理技術によって提供することで成り立っていたビジネスモデルであれば、前提条件が異なってきます。そのため、原材料の変更やメニューの見直しをすることを躊躇《ちゅうちょ》なく行うようにアドバイスしています。また、ローコストオペレーションを実現する大手に対して、継続した価格勝負は難しくなります。競合に比べ、これまでと同様に味やサービスの向上による差別化が難しくなった場合は、業態転換も視野に入れることをお願いしています。

国や自治体の支援策

　国からも補助金や専門家派遣などの支援策が多く出ています。具体的には経済産業省や農林水産省、各自治体の中小企業振興公社などからです。インターネットで調べるほかに、行政の窓口や商工会議所・商工会でも対応していますので、最寄りの窓口にご相談ください。

8. お金にまつわるクレーム

サービス料金のトラブル防止

ちょっと高くないか

こちらは、都心のターミナル駅に隣接するビルにテナントとして入居している、京風のおばんざいのお店です。旬の素材を活かした炙り焼きを中心にお客さまに提供する際には、一品ずつ料理の説明をしてていねいな接客を心がけています。ビルのフロアのなかでもやや奥まった環境ではありますが、カウンターとテーブル席に加え、歓送迎会や宴会にも適した個室を用意し、広めの席でゆったりと食事ができるようにしています。

閉店時間が近づいた頃に女性3人でご来店のお客さまがいらっしゃいました。お食事のラストオーダーまで30分足らずであることをご了承いただき、テーブル席にご案内しました。お代はテーブルでお受けしていますが、お支払いの際に「ちょっと高いんじゃない!?」とお尋ねがありました。

わかりづらい料金表示

今回のお客さまは、以前にランチでご利用いただいたことがあったため、金額に違和感を抱いたようです。実は、16時以降のご利用に対してサービス料10%をいただいているのですが、これが入口に小さく表記してあるだけでメニュー表には記載していませんでした。あらためてサービス料10%について説明しましたが、「料理の提供やお皿の下げ方が雑で、正直に言ってサービス料に見合うものではなかった」とお客さまからの指摘がありました。

確かに閉店前のお客さまということで、スタッフは早く片づけたい気持ちがあったかもしれませんが、それはゆったりとした店舗の雰囲気には合わない接客態度でした。サービスの質が不十分だったことをお詫びしながらも、正規の代金をお支払いいただきました。しかし、後味の悪さから次回のご来店は難しいかもしれません。

多くの店舗がチャージを請求

ある調査によると、飲食店のうち約70%の店舗はなんらかのチャージ料を請求しています。※ 請求方法のうち約40%と一般的なのは「お通し代」です。お通しはドリンクと一緒にすぐに提供できる簡単な料理やナッツなどの乾き物を提供することで、最初の料理提供までの間をもたせることと客単価を上げることができるのが魅力です。また、今回の店舗のように、サービス料として飲食に関係なく料金を請求する店舗は約15%です。そのほか、お部屋代やテーブルチャージとして別に請求するパターンも約30%あります。

これまでお通しを提供していたものの、要らないというお客さまも増えてきたことから、席料に変更して請求する店舗が増加しています。また、お通し代を請求している店舗では、外国にはこのような文化がないため、インバウンドのお客さまから驚かれた経験もあるかと思います。こうしたトラブルを避けるための工夫については、インバウンド客の多い新宿ゴールデン街の店舗を参考に見てみると、どの店舗の入口にも「CHARGE○○○Yen」と明確に表示されています。

※飲食店ドットコム（（株）シンクロ・フード）調べ

予約の上限数も決めておく

特に繁忙期は、時間を取られるクレーム対応はなるべく減らしたいところです。今回の事例のように、請求時にしかわからないように飲食代とは別に請求すると、クレームの原因となるばかりか、コスパが悪いと評価されます。

宴会コース料理も、品数や料理とお酒の提供時間を明確に表示しつつ、サービスの著しい低下を招く危険を回避するために、予約数の上限を事前に設定することをおすすめします。

9. 食物アレルギー対応
不作為では済まされない

食物アレルギー対応のクレーム

こちらの店舗は、関西圏のステーキレストラン。JRと地下鉄が乗り入れる主要駅から徒歩3分ほどのビルの、ワンフロアの立地です。名物は地元名産の銘柄牛のステーキで、顧客の目の前の鉄板でシェフが焼き上げます。鉄板焼きは日本独自のスタイルでライブ感あふれることから、観光客を中心に賑わっています。

この店舗で、「子どもが卵アレルギーなので、メニューに卵を使っていないか確認してほしい」とお客さまから依頼がありました。すぐにスタッフが確認したところ、提供するコース料理のスープに卵を使用していたので、お客さまにお伝えして変更しました。

ところが、デザートのアイスクリームに卵が使われていることを見落としてしまいました。お客さまが食べる前に気づいてことなきを得て、大事には至りませんでした。お客さまに謝罪してアイスクリームをシャーベットに取り替えて、ご了承をいただきました。

食物アレルギーの主な原因食物とショック症状

どのくらいの方に食物アレルギーがあるのか、何が原因食物かを見てみます。

国内の食物アレルギー患者の正確な人数は把握できていませんが、乳幼児の5〜10%、学童期の1〜3%が食物アレルギー患者であると考えられています。主な原因食物は、鶏卵、牛乳、木の実類で、約66%を占めます。食物アレルギー症状のうちこわいのは意識障害、血圧低下などを起こす「アナフィラキシーショック」です。アレルギー反応を示した方のうち約11%がショック症状を示しています。年齢群別では、0歳群8・1％、1・2歳群8・2％、3～6歳群13・0％、7～17歳群12・1％、18歳以上群が24・6％と大人になっても高い発症率となっています。

食物アレルギーに関する積極対応でクレーム低減

義務表示の対象となるアレルゲン（食物アレルギーの原因となる物質）は第2章32頁表のとおりです。飲食店は、調理や盛りつけ等により同一メニューでも使用される原材料や内容量等のばらつきがある、提供される商品の種類が多く原材料がよく変わる、料理中にアレルゲンが混入することがあるなどの理由から、食物アレルギーに関する情報提供が義務づけられていません。しかし情報提供をする場合は、まちがった情報や不十分な情報によって事故が起こらないようにします。

アレルゲンの情報提供で気をつけること

①最新で正確な情報を提供する。できる範囲から対応することも一つの方法。
②問い合わせには、あいまいな回答をしない。わからないときは「わからない」と回答する。
③揚げ油の共用や厨房で粉が舞う等により別メニューの原材料が意図せず混入する可能性を伝える。
④「食べられる／食べられない」の判断はお客さまにしていただく。
⑤食物アレルギーに関する問い合わせには、正しい知識をもつ者が対応する。

リスク回避のために決められた原材料で飲食を提供するチェーン店では、メニューにアレルゲンの情報を積極的に載せています。わかりやすくイラスト表示をする工夫や、注意喚起のために「食器や調理器具は共用しています。ご了承ください」といった表示をし、リスクの低減を図っています。

セットメニューなどを提供するときは、お客さまにはすべての原材料はわからないので、「アレルギーや苦手な食べ物はありませんか？」と先におうかがいするとよいでしょう。わたしの周りにも、タコアレルギーやビールアレルギーをもった方がいます。ていねいな対応でクレームを避け、お店のファンを増やすことができます。

〈参考資料〉
●消費者庁「加工食品の食物アレルギー表示ハンドブック（事業者用）」（令和5年3月）
●消費者庁「令和3年度食物アレルギーに関連する食品表示に関する調査研究事業報告書」（令和4年3月）
●消費者庁「外食等におけるアレルゲン情報の提供の在り方検討会中間報告」（平成27年4月1日）
●消費者庁「事業者向けパンフレット『食物アレルギーのお客様との会話で困った経験ありませんか』」（令和5年3月）

10. 予約とクレーム

予約のまちがいと意見の相違

顧客参加型のアミューズメントを売りにした飲食店

こちらのお店は、東京・山手線のターミナル駅から徒歩10分程の洋風居酒屋です。牛肉の高級部位を使った料理を割安に食べられることで支持を得ています。凝った造りの店内にライブ感のある顧客参加型のイベントを仕掛けて、賑わいを演出しています。近頃はこうしたイベント型の店舗も増えています。

インスタ映えをねらった料理だけではなく、その店での飲食体験を売りにしたものも人気です。料理を食べるだけでなく、ロボットや従業員のダンスなどその店での体験を目的としています。最近では、ショー型からアミューズメント型に移行しています。

予約ミスへのクレーム

今回のクレームは、予約のミス。「予約がある」として訪れたのは30代の会社員風の男女2人ずつ4人1組のお客さまです。レジと受付を担当するアルバイトが確認しますが、紙の予約台帳に記載がありません。「そんなはずはない！」とお客さまはお怒りです。よくよく確認すると、お客さまの予約がその1週間後に記載されていることがわかりました。幸い4人席がまだ空いていたので、ご案内することで難なく済みました。

予約のまちがいを防ぐには

さて、皆さんは予約をどのように受けていますか？　業態によっては、そもそも予約は受けていない、受けるまでもないといったお店もあるかもしれません。そういったお店でも年末年始に限っては、ケーキやオードブル、おせちなどの予約がありませんか。

紙とペンでカレンダーに予約を書き込むのも、1組だけならよいのですが、人が行うことなのでまちがいは起こり得ます。

当たり前に行っているとは思いますが、まちがいを減らす記載内容は、「日時」「人数」「名前」「電話番号」「受付者」と目次化し、電話からの予約の際には必ず復唱して内容を確認します。紙はメモ用紙ではなくノートを使用し、受付者は店長や責任者と決めて、まちがいを起こすリスクを低減します。

予約システムをIT化して活用する

さて、予約数が1日5件を超えてくると、ミスが起きかねません。ミスを防ぐには、予約システムのIT化をおすすめします。主な機能は自動予約で、お店が休みであっても、お客さまがインターネット上の検索サイト経由で席を予約することができます。忙しいときに手を止めて、予約メモをとる必要がありませんし、予約のチャンスロスを防ぐこともできます。

一方で、予約システムには悪い面もあります。予約のお客さまが現れないなどの、いわゆるドタキャンに対応することができません。宴会などの幹事は、とりあえず席だけを押さえてキャンセルを忘れてしまうことがあるのです。その対策として、キャンセル料の明確化や「予約時間の15分後までに連絡がない場合には、キャンセルとさせていただきます」などと予約システム画面に記載しておくとよいでしょう。

たとえば繁忙期は、販売数量や来客数も増えます。予約のミスを防ぎ、とりこぼしのないように予約管理を行いましょう。

10. 予約とクレーム
No show対策
～飲食店における無断キャンセルを防ぐ！～

予約まちがい

　こちらの事例は、東京郊外の旧街道沿いにある和風居酒屋です。靴を脱いで上がると、小上がりに座卓とカウンターを配し、店内にジャズ音楽を流して落ち着いた雰囲気にしています。食事は、海鮮を中心に、希少部位の肉を使った料理もおいしいと人気です。スタッフはお客さまに対し、料理もドリンクもお待たせしないよう心がけています。

　とある金曜日、居酒屋にとっては書き入れ時でのことです。「18時から7人で予約した者ですが」とお客さまが来店されました。スタッフが予約台帳を確認するも、予約記録がありません。スタッフは「あれ、おかしいな」と思いつつも、お席が空いていたのでご案内しました。お客さまは宴会コース料理を注文され、満足げにお帰りになられました。

　そして、その翌週の金曜日のことです。18時から7人の予約をいただいていましたが、そのお客さまが現れません。予約の時間から10分を過ぎたところで、予約時に確認した電話番号に電話をかけましたが、何度かけても応答がありません。とうとうその日は来店されず、準備していた食材の一部は廃棄することとなりました。

　後日、そのお客さまと連絡が取れ、1週間前に予約なしでご利用いただいた同じお客さまであることが判明しました。「予約を1週間まちがえていた」というのです。本来ならばキャンセルポリシー※として、予約されていた料理代金を１００％ご請求するところです。今回は今後の継続利用もお約束いただき、請求しませんでした。

　予約のお客さまが来店されない、い

わゆる「No show問題」です。

※予約キャンセルについての注意事項や規約のこと

予約台帳システム

最近のレジシステムは、タブレット型端末を使用して安価で簡素なうえに、アプリケーションで機能の拡張性があります。たとえば、「予約台帳システム」「注文・調理・料理提供・会計をシステム連携」「出勤・シフト管理」「クレジットカード払いや電子決済サービス」を導入する企業が増えてきています。

予約台帳システムの便利な機能は、飲食店検索サイトからインターネットを介した予約を24時間自動的に受け付けることができ、予約のチャンスロスを防ぎます。また、予約のやり取りのためにスタッフが作業の手を止めることもなく、聞き取りまちがいや予約台帳への転記ミスも防ぐことができます。システムによっては通話を録音し、聞き取りまちがいがなかったか、確認ができる機能もあります。

また、接客にうまく利用したい仕組みとして、顧客台帳システムがあります。お客さまの来店頻度や好み、食物アレルギーなどを記録することで、個別のお客さまに対するスタッフ間の情報格差をなくし、次回ご来店時の接客に活かすことで顧客満足を向上させることができます。

「No show」による被害額は約1・6兆円にもなるとの推計があり、経済損失、食品ロスの観点で経済産業省から次のような対策案が例示されています。

No show 対策例

- 予約の再確認の徹底
- キャンセルを連絡しやすい仕組みづくり
- キャンセルポリシーやキャンセル料の明示
- デポジット（預り金）制の導入

食品関係営業者の皆さまにとって、閑散期はうれしくありませんが、少し時間ができる時期はシステムの導入、対策に関する検討のチャンスです。

11. メニューとクレーム
優良誤認に要注意

湖畔ホテルでのクレーム

こちらは、山陰地方の湖に面した大きな観光ホテルの事例です。客室からの湖を望む大パノラマが人気のホテルで、客室数を活かしてインバウンド客を積極的に増やしています。

さて、ホテル内レストランの夕食でのことです。湖畔のホテルよろしく、湖の幸を活かした宴会コースを楽しみに宿泊された60代の男性客からのクレームです。男性客が、ホールスタッフへ料理の食材などの説明を求めたので、スタッフは真面目に答えたのですが、料理のほとんどに地元の食材が使用されていないことがわかり、男性客は激怒されました。東京からのお客さまで、湖の魚介料理を楽しみに宿泊を決めて来てくださったというのです。

説明を求めて詰めよる男性客に対して、スタッフもよせばいいものを、「そんなに地元の魚が獲れる訳がない！」と言い返して、ますます男性客を怒らせてしまいました。

レストランの責任者が対応を代わり、男性客の満足のいく料理をご提供できないことを謝罪し、食事代をいただかないことで、その場はお怒りを沈めていただけました。また、お客さまがお帰りになる際にホテルの自家製オーガニックドレッシングをお土産にお渡しし、後日、宴会コースを企画した料理長からもお詫びのお手紙をお送りしました。

少していねいすぎる対応に思われますが、ホテル側としてみればお客さまに「広告とは違う、ウソの料理を出された！」と騒がれたための対応でした。

気をつけたい！ 表示や広告による優良誤認

ホテルでは、湖畔という立地のイメージを活かして、湖で獲れる魚介類が売りの宴会コースを仕立てたのですが、近年の漁獲量の低下や天候に大きく左右され、魚介類の安定した仕入れができていませんでした。料理長は、「『湖畔のホテル』というイメージに合った料理を」という周囲の期待に応えるように今回の企画をメニュー化したのですが、よい印象をもたせようとして表現が大袈裟《おおげさ》になってしまいました。

今回のように「地元産の食材を使った宴会コース」と広告でうたっておきながら実際にはその食材を提供していないとなると景品表示法の優良誤認、有利誤認などにあたるおそれがあり、措置命令に従わない場合は罰則を適用されることもあります。たとえば、「ステーキ」とうたいながら実際は結着肉を使ったり、「芝海老」とうたいながら実際はバナメイエビを使ったりした場合も同じです。「消費者によい印象をもってもらいたい」とついつい誇張表示や過大広告をしてしまいがちですが、ウソはダメです。

もし入荷が安定しないのであれば、メニューに「時期や天候、季節により食材が変更になることがあります」などの注意書きをすることをおすすめします。消費者庁が具体例を多く盛り込んだ「メニュー・料理等の食品表示に係る景品表示法上の考え方について」※を公表していますので、身を守るためにも、表示について迷ったら一読をおすすめします。

※消費者庁「メニュー・料理等の食品表示に係る景品表示法上の考え方について」
https://www.caa.go.jp/policies/policy/representation/fair_labeling/guideline/pdf/140328premiums_5.pdf

知っていますか？ オーガニックについての表示

食品表示で注意したいのは、ブームが続いている「オーガニック」です。有機農産物と有機農産物加工食品には、有機ＪＡＳマークがなければ「有機○○」、「オーガニック○○」と表示することは日本農林規格等に関する法律（ＪＡＳ法）で禁止されています。

ホテルの自家製オーガニックドレッシングも、原材料に有機野菜を使用しているだけでは「オーガニックドレッシング」と名乗ることはできません。有機ＪＡＳの認証を受ける必要があり、注意をしたいところです。

11. メニューとクレーム

メニューの写真と全然違う

値上げに伴いメニュー表を一新

こちらは、都内に数店舗を構える、牛たん焼きが人気のお店の事例です。主にビジネスパーソンをターゲットとし、都心に多く店を構えています。コロナ禍で都心の人流減少に伴い客数も大きく減少しましたが、持ち帰りや宅配に取り組むことで売上は回復し、客足が戻ってきていたところでした。

そのようななかで、「ミートショック」と言われる世界的な食肉価格の上昇がありました。低価格戦略を得意とする大手牛丼チェーンでさえ価格改定し値上げしました。そして値上げに合わせて、メニュー表を一新し、お客さまに写真を新たにしてわかりやすく伝える努力をしています。

メニュー写真より小さい!?

ランチにご夫婦と思われるお客さまが来店されました。お2人に定番メニューの料理を提供してまもなく、フロアスタッフがテーブルに呼ばれました。男性客が「メニュー写真と全然違うじゃないか!?」と、提供した料理とメニュー表とで肉の大きさが違うというのです。

実際にメニュー表の写真に比べると、提供された料理は半分ぐらいの大きさで、スタッフから見ても、とても同じとはいえません。とはいえ、いつもと同じサイズ。調理場につくり直してもらっても同じような大きさの肉になるとわかっているため、お詫びすることしかできませんでした。

すると、お客さまは「もういいや」とスタッフに告げ、メニュー表と料理を一緒に写真を撮ったうえで、食事を終えて何事もなかったように帰られました。スタッフは、撮った写真をSNSへ投稿されてお店の評判を落としてしまわないか不安です。また、今回のように苦情が表面化しなかったとしても、サイレントクレームとして、二度と来店されないケースもあります。

今回のことを受けてお店では料理を再度撮り、メニュー表を再作成することにしました。

食材の高騰

今回の原因は、提供する肉の量目を小さくしたにもかかわらず、貧相なメニュー写真とならないようにフードスタイリングと呼ばれる調理・盛りつけ技法で実物よりもよく見える宣伝写真を撮影していたことにあります。対応として、写真を現状に近いものに改定することとしました。

事例のお店にかぎらず、世界的に食品の原料価格が高騰しています。食料価格の指標となる国連食糧農業機関（FAO）が発表している世界の食料価格指数によると、2023年3月までに、160％まで上昇しました。その後やや落ち着きましたが、120％を上回る高水準が続いています。

ミートショックの原因は、北米や中南米の干ばつや欧州の豪雨などの天候不順にあります。また、コロナ禍の前後で人流や消費が大きく変化し、世界的な供給網がくずれ、運賃価格の上昇も一因です。

メニュー表に関するクレーム 3つの対応ポイント

お客さまに対しては、次の3つの説明をていねいにし、理解を求めます。

①メニュー表の写真は、あくまで見本として撮影しているため、必ずしも実際の提供料理と一致しないこと

②メニュー表と提供料理で原材料に違いはないが、提供料理のボリュームに多少の違いが出ること

③お客さまのご期待に沿えるよう、今後も努力していくこと

それでも理解してくださらないお客さまにはつくり直しや返金をしますが、食べ終えている場合は、それも必要ありません。

12. フードデリバリーとクレーム
お店と配達員から原因をとらえる

配送・代金決済業務の外部化 ごほうび市場の拡大

昭和・平成時代のフードデリバリーといえば、店屋物《てんやもの》や仕出し料理、宅配ピザなどが一般的でした。令和になると、ICT※の発達により配送と代金決済を請け負う事業者が増加し、店舗スペースを制限せずに、料理の提供も簡単にできるようになりました。コロナ禍を受けて、お客さまも行動が変化し、フードデリバリーの利用が一般化しました。

さらに、水道光熱費の値上がりなど物価の高騰により、生活者の節約志向が高まる一方で、普段の生活のなかでできる、自分のためにちょっと贅沢をする「ごほうび市場」が拡大しています。〝ハレの日〟の料理をフードデリバリーやテイクアウトを利用して楽しむ需要は、今後も安定して推移することが予想されます。

※パソコンやスマートフォンなど、さまざまな形状のコンピュータを使った、情報処理や通信技術の総称

店側のクレーム原因と対応

フードデリバリー関係のクレームは、利用の増加に伴い、事例も増えています。対策には多少の費用がかかるものですが、少額で取り組みやすいものについて、原因とあわせて紹介します。

事例① 注文した料理がなかなか提供されない

ファストフードのように調理時間が短い料理もあれば、時間のかかる料理もあります。しかし、お客さまはおいしそうな見た目から料理を注文するため、調理時間のことまで考えが及ばない方もいます。

対策として、数多くの店舗のなかから選ばれるためにも、調理時間の短い

料理や事前の下ごしらえが十分にできる料理を採用して調理時間を短縮し、商品ラインナップを揃えます。

事例② 料理の入れまちがいやトッピングの入れ忘れがある

人がやることには当然、まちがいもあります。

対策として、商品を梱包する場所に出来上がりの料理写真を貼っておきます。料理の入れまちがい、トッピング(具材)の入れ忘れや見栄えの確認を封締めする前にしたり、注文用紙にチェックを入れたりすることで、ミスを未然に防止します。

配達員側のクレーム原因と対応

事例① 渋滞や道に迷い配達が遅れる

昭和・平成時代のフードデリバリーは、注文からお届けまで30~60分間程度かかっていましたが、令和時代になると、配達・代金決済業務を外部化することで、15~30分間と短くなっています。それでも、配達員が道に迷ったり場所をまちがえたりと、想定よりもお届けが遅れることがあります。

店側に落ち度はありませんが、対策として、お客さまの食べるシーンを考慮します。

店舗での提供と異なり配送中に容器内で料理が蒸されることや、少し冷めてもおいしい料理となるよう素材やレシピを調整することなど、改善は欠かせません。

事例② 料理がこぼれたり容器内で片寄ったりしている

見た目も料理の楽しみの一つですが、配送中のミスや雑に扱われることで、料理がこぼれたり、容器内で片寄ったりすることがあります。特に取扱いが難しいとされるのは、容器のなかで動きやすい寿司、焼き鳥、ラーメンなどの汁物、エスニック料理、プラスチック製のカップ入り飲料などです。対策として、スープが漏れにくく冷めにくいものなど、料理に合ったフードデリバリー専用容器を使用します。

フードデリバリーは、席数に制限を受けない売上アップ策として、導入をおすすめしています。

食中毒を訴えられたら？

「そちらの店でランチを食べたら下痢になった。食中毒かもしれない」。ランチタイムのピークが落ち着いた午後に男性のお客さまから電話をいただきました。提供した料理で「お腹が痛い・嘔吐した・下痢をした」など、体に症状があるというお客さまからの申し出を「有症苦情」と言います。

クレーム事由ナンバー1

実は、こうした「有症苦情」は、保健所への届出として一番多いのです。令和4年度東京都保健医療局の「食品の苦情統計」を要因別に見ると、「有症苦情」がほかを大きく離してナンバー1の約33％を占めました。

複数のお客さまから、こういったクレームが入ると食中毒を疑いますが、お客さまの体調不良が要因であることも多くあります。食中毒とは関係のないことでお客さまから一方的にクレームをつけられるのは、なんとも苦しいものですね。

お客さまの話をよく聞く

このときのお客さまは、「今日食べたものは、ここの店のランチだけだ！妻も同様の症状だ」とあたかも原因がお店のようにおっしゃいました。ここで大事なのは、これまでも述べてきたとおり『よく話を聞くこと』です。このお客さまの話をよく聞くと、朝から体調不良で朝食を食べずに揚げ物と冷たい飲み物を多く摂取していたことがわかりました。

お店の対応として、調理については保健所の指導のもと厳格に行っていることや、体調不良時に揚げ物を食べると下痢をすることがあるということをていねいに説明し、念のため病院の受診をおすすめしました。また、ほかのお客さまから同様の申し出がないことから、食中毒ではない可能性が高いと判断されました。後日話を聞くために電話をすると、「受診の結果、下痢は体調不良が原因」とのことでした。お客さまもなんだか申し訳なさそうな様子で、一件落着となりました。

　下痢の原因は、食品由来のほかに「ストレス、腹部の冷え、食べすぎ・飲みすぎ、体調不良等」がありますので覚えておくとよいでしょう。

保健所へ積極的に届け出よう

　先に述べたように、保健所への「有症苦情」の件数は多いですが、保健所が消費者から「お腹が痛い！」との電話を受けても、一方的に事業者を責めるようなことはしません。むしろ、苦情があったことを積極的に保健所に届け出て、保健所との信頼関係を築いている企業もあります。この企業も保健所からの調査はあったものの、これまで一度も食中毒と認定されたことはないそうです。

HACCPで守りを固める

　飲食店を含むすべての食品等事業者は、原則、HACCPに沿った衛生管理を実施しなければなりません。実施すべきことは、お店の衛生管理計画を作成し、計画に基づき実施した結果を記録することです。記録は定期的に振り返り、必要に応じて衛生管理計画等を見直します。

　たとえば、今回のクレームも、お店が日々の重要管理の実施を記録していれば、「食品の温度は10℃以下で管理し、中心部を75℃・1分以上加熱しています。当日の記録もそのようになっていますので、きわめて可能性が低いです」と伝えることができます。また、一般的に加熱調理してすぐに食べれば食中毒を起こすおそれはほとんどありません。しかし、食材への汚染や調理後の菌増殖などのリスクもあります。そのため、仕入れ段階から提供までの衛生管理とその記録がたいせつです。

忙しいときこそ衛生管理が見られている

従業員の行動がクレームに

「もう、あのレストランには行かない!」とのお客さまからのお怒りの電話。お店は、こだわりのプレミアムビールと洋風の小皿料理やおいしいソーセージを売りにカジュアルにお酒を楽しんでいただくスタイルのカフェレストラン。立地は、商業施設のなかの飲食店街の1店舗です。

　お客さまの申し出によると、男性の調理担当従業員が調理服のままトイレで用をたして、手を洗わないまま出ていったというのです。その手でそのまま調理していると考えると、そんな衛生管理レベルのお店に行きたくないという気持ちはよくわかります。

　では、お客さまはその光景を見てすぐに電話をくださったのでしょうか? 実はそうではないのです。クレームをいただくまでのプロセスは「えっ!? 調理用の服のままトイレ!」→「手を洗わずトイレを出ていった…」→「どういう従業員教育をしているんだっ!」→「ここの料理、食べても大丈夫か?」

　こうしてプロセスを見ると、このクレームに対する対応は2点考えられます。1点目は「従業員教育はしないのか?」、2点目は「食べた料理は大丈夫か?」。お店としては、それに対応したクレーム対応をすることになります。

従業員教育の徹底を

　まずは従業員教育についてです。店長はあわてて調理スタッフに確認をしましたが、忙しいときにはなんと、手を洗わないときがあったというのです。調理リーダーも忙しいと目がゆき届かないと言い、特に外国人スタッフへの教育に悩んでいました。さらにお店のルールでは、調理服を脱いでトイレに行くことになっていましたが、教育がゆき届いていませんでした。対策として早速、手洗いの徹底を図り、厨房出口には調理服を脱いで出る写真をパウチして掲示しました。日本語が得意でないスタッフでも、写真だとすぐに理解することができます。調理服を着る意味は、自分の服についているホコリや汚れを料理につけて汚さないために着ます。その目的を考慮すると、調理服はやはり白となります。

アルバイトスタッフや調理経験の浅いスタッフには、お客さまの口に入るものを取り扱う、命を預かる仕事であると徹底して教育します。本質を知ることで、トイレに調理服を着ていくことがどんなに罪深いことかがよく理解できます。時間はかかりますが、スタッフが提供するサービスの価値を向上させることができるので、自社のブランド力向上にもつながります。

自社のブランド価値とは

次に、食べた料理への信頼についてです。料理への信頼はすなわち、自社のブランド価値に直結します。では、自社のブランド価値はどうやって高めればよいのでしょう？〝神は細部に宿る〟という言葉があります。細かいところまできちんと仕事をゆき届かせることが、全体の本質を決定するのです。お皿1枚をとっても、自社の衛生管理が見て取れます。たとえば、「取り皿はきれいですか？」「白いお皿に指もんは残っていませんか？」「グラスに口紅のあとはありませんか？」「お子さま用の食器の用意はありますか？ また、汚れていませんか？」など、繁忙期についついチェックが甘くなりがちな部分も、お客さまは見ています。そして、これらに不備があると、提供した料理への不信、クレームを発生させるリスクが高くなるのです。

今回の従業員のトイレの事例だけでなく、お皿の洗い上がりの1つから「食べた料理は大丈夫か？」などと思わせるお店からは、お客さまも離れてしまいます。繁忙期であっても当たり前のことを当たり前にこなすことで、ブランド価値が高まるのです。

毛髪混入のクレーム

数値化した目標設定

数値化することで目標設定がしやすくなります。そのため、目標の設定は、「クレーム〇〇％削減」や「クレーム〇〇件削減」など、具体的に達成が確認できるように数値化するとよいでしょう。

食品工場では製造数当たりのクレーム発生件数PPM（100万分の1）で比較をしています。レストランでは、食数や客数、売上金額当たりの比較がよいです。単純に1か月当たりのクレーム件数を比較するよりも、食数や客数の出方で比較することにより実態に合った姿が現れます。

毛髪混入のクレーム事例

さて、こちらのお店は中部地方のロードサイドに店舗を構えるハンバーグ専門店です。サラダバーが好評で、一番人気のハンバーグを熱々の鉄板で提供し、お客さまの目の前で仕上げることでシズル感を演出しています。

女性グループで来店した方から「ハンバーグに髪の毛が入っていて気持ち悪い」とのクレームがありました。すぐにホール担当が謝罪して、つくり直すことでご了解をいただきました。帰り際には、次回来店時のサービス券をお渡ししてことなきを得ました。

お店では以前から、毛髪混入のクレームに困っていました。記録を確認すると、毎月1～2件、毛髪混入のクレームが発生していましたが、これといった対策を打てていませんでした。

対策は効果の高いものから

毛髪混入クレームの発生頻度を見て

①ブラッシングをする
②帽子を着用する
③帽子に髪の毛を入れ込む
④粘着ローラーの実施
帽子の正しい着用方法

みます。東京都保健医療局（令和4年度実績）によると、異物混入クレームは有症事例に次いで多く、約14％です。そのうち毛髪由来は約12％ともっとも多く、クレーム全体でみると約2％になります。

毛髪混入は、対策が可能な、もっとも発生頻度の高いクレームの1つです。裏を返せば、対策の効果が高いということです。

具体的な対策としては、『①ブラッシングをする　②帽子を着用する　③帽子に髪の毛を入れ込む　④粘着ローラーの実施（頭から足元まで）をする』ことです。正しく行えているか、基準を決めて従業員教育を行いますが、「従業員がやらないと気持ち悪くなるまで習慣化できるか」がポイントになります。

また、髪の抜ける本数は1日で平均59本と言われています。洗髪により、抜けた髪の多くは取り除かれますが、皆さんは毎日髪を洗いますか？　毎日洗っても取り切れていないものは前述のブラッシングをすることで、混入のリスクを低下させることができます。多くの方が「髪は毎日洗うのが当たり前」と思っているかもしれませんが、毎日洗う人は8割とのデータもあります。髪を毎日洗うのも習慣化が必要ですね。

データ化・確認・対策

クレームは、件数、内容、金額を日付とともに記録しておくだけでも傾向がわかります（第1章12頁参照）。たとえば、「5月ごろから不快害虫のクレームが増えてくるなぁ」とか、「2月には人毛の混入クレームのピークだなぁ」とわかるようになり、クレーム発生前に手を打つことができます。

原因を特定し、クレーム発生も抑えて守ります。また、発生したクレームを活かしてサービスの改善向上に役立てることができます。

お客さまを呼び込む衛生管理のポイント

グラスの汚れへのクレーム

こちらは、中部地区のとんかつ屋の事例です。街の中心部からは車で20分程のロードサイドの郊外店です。お手軽な価格帯に加え、独自の味噌タレが人気で、女将《おかみ》さんの愛嬌のある接客が常連のお客さまの心をしっかりつかんでいます。働く男性客を中心にランチ時には座りきれないほどの人気店ですが、正直なところ、掃除がゆき届いているとは言えませんでした。

申し出があったのは、ランチ時に訪れた会社員風の30代の男女3人組のお客さま。よく利用されている男性のお客さまが同僚を連れてきてくれたようです。スタッフが席をご案内して、水をグラスで提供しました。

料理注文時に女性のお客さまから「グラスに口紅のあとがあるので交換してください」とクレームをいただきました。同じタイミングで、男性のお客さまからも「グラスが（白く）汚いので交換してください」とのクレームです。

スタッフが謝罪してすぐに代わりの水をお持ちし、大きなクレームには至りませんでした。

グラスの汚れの対応策

お店では食器洗浄機を使用して食器を洗浄しています。汚れのひどいもの、グラスについては口紅のあとなどの汚れを予洗《よせん》してから食器洗浄機で洗うことになっているのですが、ルールが遵守されていませんでした。食器洗浄機の能力を過信するあまり、洗浄が十分にゆき届いていなかったのです。洗いの状態をちょっと確認すればわかるものですが、その確認もおろそかになっていました。

　グラスの白い汚れは、水に含まれるミネラル分が乾燥しグラスについたものです。こすり洗いしてきれいに取れれば問題ありませんが、汚れが取れないようでしたら、洗剤をクエン酸入りなどの洗剤へ変更することを検討しましょう。

お客さまを不快にする衛生管理のチェックポイント

- ☑ グラスに口紅のあとや白い汚れがないか
- ☑ 食器、取り皿に汚れはないか
- ☑ テーブルが汚れていたり、濡れていないか
- ☑ ナイフ、フォーク、スプーンなどのカトラリー、卓上調味料入れなどに汚れはないか
- ☑ 窓枠や棚にホコリが溜まっていないか
- ☑ トイレの清掃がゆき届いているか

　上記の「お客さまを不快にする衛生管理のチェックポイント」を参考にしてください。

　業態によっても多少の差はありますが、初来店客の再訪問率は約40％というデータもあります。費用をかけずに集客ができれば収益が向上します。そのため、初来店のお客さまに再来店いただけると集客費用が下がり、経営に与える影響は大きいものがあります。

　事例のような不備が、大きなクレームへと発展することはまれですが、衛生面で嫌な思いをされたお客さまの再来店は望めません。実際、女性にヒアリング調査をすると「『グラスの口紅』や『取り皿の汚れ』等があると二度とその店には行かない」という方が8割程度になります。そして、サイレントクレーマーの増加により、売上を少しずつ落とすことにつながります。

　せっかくの初来店のお客さまにはグラスや取り皿などの汚れに気をとられず、ゆっくりと自慢の料理を味わっていただきたいので、食器の洗浄には十分に気を配りましょう。

再来店のコツはちょっとした会話

　ところで、再来店のちょっとしたコツは、帰り際のレジでの会話にもあります。

　事例のお店では、女将から帰り際に「料理はご満足いただけましたか？」と必ずお客さまに聞いています。お客さまがみずから「おいしかったです」と言うことでお店の印象が肯定的になり、「ここのお店はおいしい！」とお客さまの記憶に残るようです。そして、次回の来店につなげています。

ゴーストレストランのクレーム

コロナ禍により経営環境の厳しかった2020年は、前年に比べ95％の飲食店で売上高が減少した一方、もともと持ち帰りが主力で好調を維持していたファストフード以外でも、売上高を維持・向上した店舗がありました。

好調を維持した店舗を参考に、売上の積み上げが期待できる取組みを検討します。

コロナ禍でも売上を維持・向上させた飲食店が行っていた3つのこと

① **売上の多様化**

- 店内飲食だけでなく、持ち帰りや宅配をはじめる
- Tシャツなどオリジナルグッズの通信販売も含めた、ECサイトをはじめる

② **優良顧客の増加策を実施**

- 商品そのものの価値や付加価値を高める
- 日頃からSNSなどでお客さまとつながり、関係性を維持する

③ **継続的な新業態への挑戦**

- 郊外型店舗を展開する
- クラウドファンディング※1で応援購入を募る
- ゴーストレストラン※2を展開する

※1 「群衆」（クラウド）と「資金調達」（ファンディング）を組み合わせた造語。インターネットを介して、不特定多数の人びとから少額ずつ資金を調達すること

※2 客席がなく、キッチンで調理した料理を持ち帰りや宅配専門で販売する飲食店のこと

ゴーストレストランでつくる名物「鶏の唐揚げ」

この事例は、東京都内の居酒屋がはじめたゴーストレストランです。こちらの店舗は駅前に立地していますが、

2020年はコロナ禍の影響拡大により売上が大きく減少しました。

そこで、現在は既存の調理施設を有効利用し、通常営業と並行して同一店舗で複数の宅配専門店の看板で営業しています。特に、推《お》している「鶏の唐揚げ」は家でつくることが面倒なうえ、特製のタレに漬け込んだジューシーな揚げたてをすぐに食べられることから、お客さまの満足度が高いと自信をみせています。

加熱不十分というクレーム

ある日、お客さまから「なかが生なんだけど!」とクレームの電話がありました。お届けした唐揚げの中心部まで火が通っていなかった、というのです。

こちらの店舗ではコンビニエンスストアなどで売られている唐揚げと差別化を図るため、1個のサイズをこぶし大にして提供していました。しかし、仕込み時の肉のサイズが均一でなかったこと、調理温度・時間が不十分だったことから、加熱不十分の商品ができてしまったのです。お客さまにお詫びし、つくり直したものをすぐにお届けすることで、大きな事件に至らずに済みました。

このことを受けて、こちらの店舗では調理マニュアルの内容を強化し、売上が伸び悩むことを覚悟のうえで、商品サイズを小さくしました。

減らない有症クレーム

食品関係のクレームを大きく分けると、「食品衛生管理、顧客対応、有症事例、食品表示」の4つになります。その傾向を確認するため、苦情相談事例を公開している東京都保健医療局のデータをもとに最近5年間の傾向を分析しました。

東京都の食品衛生関係苦情処理集計表によると、クレームの総件数は減少傾向にあり、直近の令和4年度は約4071件と、5年前に比べて約19%減少しています。内訳では、異物混入事例が約35%も減少しており、全体の件数を押し下げています。

一方で、下痢、おう吐などの胃腸炎症状、発熱などを含む有症事例の件数は約10%と一見減少していますが、全体と比べると減少傾向がみられず、逆に発生割合が上昇しています。

接客がないからこそ

ゴーストレストランは接客クレームがない一方、その場で料理を提供する飲食店と違い、喫食するまでの時間が長くなるため、食中毒のリスクが高くなることを意識して調理しましょう。

不衛生な迷惑行為 外食テロを防ぐには

「外食テロ」対策

スマートフォンの普及に伴い、大手回転寿司や牛丼チェーン店で不衛生な迷惑行為がSNSに投稿されて炎上する、いわゆる「外食テロ」と呼ばれる事件が毎年のように発生しています。社会的な影響が大きかった具体例としては、備え付けのしょうゆボトル・湯のみ・寿司に唾液を付着させる、大量のわさびや皿を回転レーンに戻すなどの迷惑行為の動画投稿が相次ぎました。その結果、お客さまがショックを受け来店客数が減少し、株価も一時下落しました。各社は厳正な対応を取り、なかには逮捕者も出ました。

こうしたSNSへの投稿で発覚した事件は、これまでに顧客の過度な謝罪要求、従業員のキッチン内での喫煙や悪ふざけ、店舗側によるお客さまへの不適切発言などを覚えている方は多いと思います。

そのうち「バイトテロ」と呼ばれる従業員による不適切行為は、ルールや法律を十分に理解していないことやコミュニケーション不足が原因であったことから、従業員教育の強化で発生を防ぐことができました。

「客テロ」と呼ばれる来店客による迷惑行為は、お客さまが「SNSで目立ちたい」という承認欲求を満たす行為ですが、SNSの影響力に対する認識不足により、店舗側が大きな損害を被ることとなりました。

これまで店舗の設備は、お客さまとの信頼関係に基づいて配置されていました。コロナ禍により衛生管理の徹底が図られてきたなかで、不衛生な迷惑行為がインターネット上で拡散されたことにより、感染リスクが高い店舗施設と受け取られてしまいました。

次に具体的な「客テロ」対策を3点あげますが、いずれもコスト増になることから店舗の事情に合わせてご検討ください。

客テロ対策

① 調味料や器具を個別提供に変更

共用の調味料や器具は、不衛生な行為の対象になりやすいため、個別に提供することでリスクを軽減できます。

② タッチパネルの導入

お客さまが料理に直接触れる機会を減らすため、タッチパネルで席から注文できるようにすれば、不衛生な行為を防ぐために効果的です。

③ 監視カメラの設置

カメラを使った監視システムを導入することで不審な行動を検出し、事前に対処することが可能になります。

炎上案件の推移

ある調査によると2023年にネット上で発生した、炎上や情報漏えいなどの危機や重大なトラブルは、1583件と前年比0・8%微増しました。増加した理由として、外食テロやインフルエンサーの影響拡大が考えられます（一社）デジタル・クライシス総合研究所調べ）。過去の実績から、不衛生な迷惑行為は厳正な態度をもって対策することで減少させることができます。

コロナ禍も落ち着き、お客さまも解放感に包まれて飲食を楽しんでいただけるようになりました。食材の衛生管理にも気を配りつつ、これらの対策を実施して顧客の安心感を確保し、売上アップを目ざしましょう。

設備不良のクレーム

こちらのお店は、都心のターミナル駅近くにある一軒家の鰻屋です。店の外観からは和風の趣が感じられ、店内に入ると炭火で鰻を焼く職人の姿が目を引きます。

鰻の串焼きはもちろん、白焼きやたたきなどの豊富な一品料理はどれもおいしく、常連客だけでなく訪日客からも高い支持を得ています。

排気設備の不良？

ある日、ディナータイムに炭火焼台前のカウンター席にご案内した男女2人組客から、ホールスタッフに声がかかりました。「炭火の煙や灰が目にしみて痛いので、席を変えてほしい」というのです。ピークタイムを過ぎて少し席の余裕もできていたことから、すぐに煙の当たらない席に移っていただきました。

こちらのお店では、カウンターの内側で炭火焼をしているので、店内にも多少の煙や灰はあるものとお客さまは理解したうえでご来店されています。しかし、カウンター席の一部は煙がきつく、ゆっくり食事を楽しむことができません。従業員も炭火のむせ返るような暑さに加えて、ガラス戸などは油汚れがつきやすく特に目立つことから、こまめな清掃が欠かせません。

排気設備の重要性

店内のオープンキッチンで調理している業態では、多少なら店内に煙やにおいが出るのは当然だと考えられるかもしれませんが、排気設備の不備は問題です。排気設備は、煙やにおい、調理熱を排出し、調理場、ひいては客席の環境を整えるためにあります。店内環境がよい状態かといった視点でみると、設備が十分ではないのです。

業種にもよりますが、オープンキッチンの魅力はお客さまの五感を刺激することにあります。店舗の活気を演出し、お客さまと話す機会を増やすことができます。そのため、炭火のにおいが弱くなったり、焼く音が聞こえにくくなったりすることで、店舗の魅力を落としかねないことに注意が必要です。

今回のお店は、多少の煙は店舗の特徴でもあるとはいえ、店内に充満しない程度に排気設備を改善することにしました。

定期メンテナンス

店舗設備の一部でも使用できなくなると、営業を継続することが難しくなります。特にシンクなどの水回り、コンロなどの火回り、冷凍冷蔵設備、空調などは適切かつ定期的なメンテナンスが欠かせません。

今回の排気設備の場合、長期間使用するとファンには油やホコリが溜まり、排気能力が低下します。これを防ぐためには、定期的なファン清掃やフィルターの交換をします。フィルターが詰まると、排気量が減少し、結果として煙が店内に充満しやすくなります。特にビルテナント店の多くは、被害範囲が広くなるため店舗設備メンテナンスを専門業者に定期的に依頼することが一般的になっています。

特に年末などの繁忙期に向けては、早めに店舗設備のメンテナンスを実施していきましょう。

マニュアル化でお店と一緒に成長する従業員

今も昔も人を育てるのはたいへん

若い頃に「最近の若い者は…」と言われたことはありませんか？「最近の若い者は…」というルーツをたどると、〝紀元前４０００年のエジプトの石版に刻まれている〟、〝紀元前にはプラトンが言った〟などと諸説あります。いずれにせよ、大昔から続く同じ悩みであることがわかります。

　わたしの好きな言葉に「やってみせ　言って聞かせて　させてみて　ほめてやらねば　人は動かじ」（山本五十六／戦時下の海軍大将）があります。どんなに優秀な人でも、いきなり何も知らないことをやらせては、うまくできるものではありません。ホップ・ステップ・ジャンプとできることを増やしていきます。そのためには取りかかる順序が大事になります。

従業員を育ててマニュアル化

情報の少なかった時代には「背中を見て覚えなさい」というやり方がありました。しかし情報化社会の今では、そんな悠長なことも言っていられません。

では、どうすればよいのでしょうか。

① **仕事の範囲を決めて明らかにする**
② **仕事の手順等を明確にする。あの人にしかできない仕事にしない**
③ **覚えて、できるようになってほしい仕事のレベルを明確にする**
（覚えた→サポートがあればできる→言えばできる→一人でできる→指導できる）
④ **マニュアル化**（明文化する）

こうしてストーリー性をもって進めることで、従業員が成長し、お店の成長につながります。

また、厚生労働省では、職業別の「キャリアマップ・職業能力評価シート」※を公表しています。これをたたき台として使用することで、従業員の育成がスピード感をもって進められます。ただし、一般的な内容に留まるので、自店へのアレンジが欠かせません。

※職業能力評価基準の策定業種一覧
https://www.mhlw.go.jp/stf/newpage_04653.html

信条を設定し問題解決へ

マニュアル化はサービスの品質を一定レベルに担保することができます。一方で、問題として、競合他社との同質化が進むことがあります。これを打開する方法はもちろんあります。

競合他社との同質化の壁を超える方法の一つに、クレド（信条）の導入があります。「マニュアルを逸脱するサービス」を行う際の行動指針を決めておくのです。そうすることで、クレームが発生する前や小さな問題のうちに対応することができるようになります。

クレドは、経営理念に近いものですが、より具体的に信条や行動指針を書面にします。従業員採用の際にも、どういう人物に来てほしいか、従業員の人物像を強く描くことができます。

ほめて・認めて・伸ばして定着

クレーム対応は嫌なものですが、お店や従業員が成長する機会でもあります。指摘されたことを真摯に受け止め、謝罪し、改善していくことは新たな気づきを得られるきっかけになります。

これまでの労働に関する研究結果やアンケート結果からも、成長をしたいと思っているのは社員もアルバイトも一緒です。「働くことによって自分を成長させたい」「将来やりたい仕事の経験を積みたい」と考えている方は多くいます。従業員に就労を継続してもらうポイントは、本人が〝自己の成長を感じ、ステップアップした〟と感じることです。給与だけでなく、成長の手応えを感じさせることが大事になります。

また、アルバイトが辞める理由のトップは、「店長や社員の雰囲気が悪いから」です。クレーム対応が嫌だから辞めるのではありません。クレーム対応を通して、従業員を「ほめて、認めて、伸ばして」いくことで、お店の成長を図ります。そうして、お店の雰囲気がよくなり、従業員の「定着」も図ることができます。

〈参考資料〉
●厚生労働省「労働市場における人材確保・育成の変化」
https://www.mhlw.go.jp/wp/hakusyo/roudou/13/dl/13-1-5.pdf

世代を超えるとなぜ話が通じないのか？

スタッフの対応へのクレーム

飲食店のクレームでは、お客さまと直接対峙《たいじ》してクレームをいただくことが多いのが特徴です。そのため、ほかの業界のクレームと異なり、お客さまから一方的に責められる場面に遭遇します。

こちらのお店も同じようにクレームの対応に悩んでいました。都内のターミナル駅から電車で15分ほどの駅前ビルに入るお店。リーズナブルに「おいしい釜飯が食べられる！」と近所でも評判です。近くに大学もあり、アルバイトは代々先輩から後輩へと受け継がれ、採用には困っていません。

しかし、最近では、なかなかうまくクレームに対応できない子が増えているといいます。サラリーマンのお客さまが「こいつは口のきき方を知らないのか？」と怒るというのです。それは、なぜなのでしょうか？

世代で違うコミュニケーション環境

学生アルバイトに活躍を期待している職場では、彼らの育ったコミュニケーション環境は、今までと大きく異なることを理解して対応しなければなりません。

彼らの主なコミュニケーションの方法はスマートフォンです。短文でのやり取りがコミュニケーション能力の低下を招いていると言われています。たとえば、スマートフォン上で取り交わされる質問の返事も「り」や「とりま」などと返す方もいます。これは「了解」や「とりあえず、まあ」の略ですが、このような単語は同世代間ではあっという間に広まりますが、違う世代間では使われることはあまりないため、よく知られてはいません。

また、インターネット上のコミュニケーションでは、少しでも嫌なことがあれば簡単にコミュニケーションを遮断することができます。でも、目の前に対峙《たいじ》した嫌なクレームをこちらから一方的に遮断することはできませんよね。これまでと同じように新たに職場に入ってくる仲間には、十分な商品知識がないのはもちろんのこと、自分達の世代とは違ったコミュニケーション環境で育ったことを理解しておかなければなりません。

先述した最近の大学生に悩むお店の事情も、統計数字から確認することができます。スマートフォンの普及に大きく寄与したｉＰｈｏｎｅが国内で発売されたのが２００８年７月のこと。このスマートフォンの普及による新しい変化ついてさかのぼって見てみましょう。高校生の利用は、平成23年度には６・８％だったものが、平成27年度には93・６％へ、フィーチャーフォン（従来の携帯電話）から取って代わり、普及が進みました※。わずか４年間で爆発的にスマートフォンが普及したことがわかります。この世代が、その後数年で大学生や社会人になり、コミュニケーション方法が世代間で一気に変わりました。

※こども家庭庁「「青少年のインターネット利用環境実態調査」調査票・調査結果等」
https://www.cfa.go.jp/policies/youth-kankyou/internet_research/results-etc

理解して指導をする

若い世代にみられる「お客さまに愛想のない返事をする」や「コミュニケーションを一方的に遮断してしまう」といった行動の環境および心理的背景が、理解できてきたのではないかと思います。一方で悪いことばかりでなく、デジタルネイティブ世代は、短く早い文章でやり取りをしている分、気持ちのくみ取りや機敏な動きが得意なことが多いと感じます。

さて、本題の「世代を超えるとなぜ話が通じないのか？」ですが、中学・高校時代からスマートフォンでコミュニケーションを取っている環境で育った若い世代の、このような背景が原因の一つです。世代にかかわらず、コミュニケーション環境の世代間ギャップを理解しておくと、「お客さまの話を徹底して聞くこと」も、スムーズに説明できます。そのうえで、ていねいな返事や対応をするように指導します。

そして、飲食店で勤める必要最低限のコミュニケーションマナーとして「勝手に職場のことをＳＮＳにあげない」ということも勤務規程に入れて、忘れずに指導しましょう。

クレーム対応がうまくなる

クレーム対応がうまくできた事例

　こちらは、東北地方の県庁所在地にある和食店の事例です。従業員は着物姿で接客し、落ち着いた雰囲気の個室と明るい雰囲気のテーブル席を配しています。料理は、趣向をこらして季節を感じさせることを心がけています。少し高めの客単価を設定し、お祝いごとや法事などに使い勝手がよいと人気です。

　子どもの節句のお祝いに家族で来店され、個室を利用された30代女性から「料理に虫が入っているように思うのだけど…」という申し出があり、「せっかくのハレの日に嫌な思いをさせないでほしい」と嫌味を言われました。

　対応したのは大学生のアルバイトでしたが、不慣れなはずのクレーム対応にもかかわらず「おケガなどされていませんか。ご不快な思いをさせてしまい、申し訳ありません」とお客さまを気づかう言葉とお詫びを申し上げました。そのうえで、料理をつくり直すか、部分代金の返金をするか提案し、料理をつくり直してお出ししました。大学生のアルバイトは、店長に確認する前に、最初に対応した際にこうした対応を行うことができました。お客さまが帰られる際もレジ前まで付き添い、もう一度お詫びを申し上げてお帰りいただきました。お客さまも、ハレの日に気分を害さずにお帰りいただけたようです。

なぜうまくできたのか？

　これは、日頃のロールプレイングの練習の成果です。こちらのお店では、接客係のアルバイトに対してもクレーム対応のロールプレイング研修を行っていました。接客係が1対1になり、客と接客係に分かれてクレーム対応の練習をします。接客係として普段からお客さまに接していても、クレーム対応となると落ち着いてできないものですが、定期的に練習することで、対応が身につき、とっさに対応することができたのです。

　不快な害虫が入っていた場合の対応としては、

①お客さまによっては、不快な害虫により気分が悪くなることを想定して、体調を気づかうこと

②不快な思いをさせてしまったことをお詫びすること

となります。

「お店の責任で虫が入っていたとは限らないのに、なぜ謝らないといけないのか」と疑問を抱かれるかもしれませんが、虫が入っていたことにお詫びするのではなく、お客さまに不快な思いをさせたことにお詫びをするのです。

つくり直しか返金か

　あなたのお店ではこのような場合、「つくり直し」と「返金」、どちらにするか決めていますか？ 基本的には、料理の提供・サービスの対価として料金をいただいていますので、つくり直しを前提として、料金をいただくのが正解です。

　料金には、原材料費に経費および利益を上乗せしていますので、返金の場合はつくり直しに比べて逸失利益が大きくなります。ただし、原材料費率が5割を超えてくるような料理や素材が限られた料理の場合は、「返金」を基本としてもよいでしょう。

　8割ほど食べてしまってから「つくり直しはもういらない」と言われた場合には、「ドリンクまたはデザートのサービス」もしくは「次回割引のクーポン券」をつけるお店が多くなります。高齢の方から、どのような対応がよいかアンケートを取ると「デザートかドリンクがよい」とおっしゃいます。元気な方ほど年齢を理由に「もう行けないかもしれないから」と自虐的におっしゃいますが、本音を聞くと「クーポン券をもらっても、もう二度と行かない」という厳しいご意見をいただくこともあります。

　クレームを活かして、積極的な対応として何ができるか考えたいものです。

従業員の意識向上

能力別の制服

こちらは、都内のオフィス街に出店している喫茶店です。お客さまにゆっくり過ごしていただける空間をコンセプトに、席をゆったりと配置し、ドリンクはプレミアムコーヒー[※1]を売りにしています。

従業員をバリスタ[※2]と呼び、その技能によってランク分けをし、社内テストに合格すると特別な制服の着用を許可しています。これにより従業員は、自信をもって接客することができ、意識向上によるサービスレベルのアップに役立てています。

※1 コーヒー豆の産地が特定可能で、産地特有の個性があり希少性が高く、審査で一定の点数以上のもの

※2 イタリア語で、エスプレッソコーヒーなどをつくる専門職人のこと

受注ミス

ある日のこと。女性2人で来られたお客さまにバリスタがホットコーヒーを提供すると、「アイスで頼んだのですが!?」と注文と異なるとのお申し出をいただきました。すぐに注文担当に確認すると「ホットでお受けしている」と言います。とはいえ、アイスコーヒーをつくり直してバリスタが再提供しました。その際に「レジでのご注文はホットでおうかがいしていたのでホットでおつくりしました。申し訳ありません」とお伝えしました。するとお客さまはとても嫌な顔をされて、「何!? わたしがまちがっていたとでも言うの?」と言い返されてしまいました。すぐに、気分を害されたことを謝罪しましたが、これではお客さまにゆっくり過ごしていただく空間とはな

りません。バリスタは、仕事の慣れからくる言葉選びのミスだったと反省しました。

仕事に慣れてくると過去の経験上、仕事に緩急をつけることで生産性を上げることができるようになります。一方で、今回の事例のように状況を正確に把握できていないにもかかわらず、「こんな対応で大丈夫」と慣れによる誤った判断を招きます。今回の改善策としては、レジでの注文内容を復唱してお客さまに確認することで受注ミスを防ぐことを、従業員のミーティングで周知しました。

従業員の意識向上

制服の色や形で序列を示す方法は、飛鳥時代の階級制度までさかのぼることができ、古典的ですが有効な手段です。たとえば、現在でも自動車製造工場では、役職や階級を帽子の色やデザインで区別しています。誰がどのような能力をもっているか可視化でき、モチベーションアップや成長意欲の向上が期待できます。また、従業員同士の競争心が生まれ、仕事やキャリアに対する意識も高くなります。

一方で、近年、制服を見直す店舗は、ジェンダーレスに配慮して、男女の制服の差をなくしています。性別・国籍・人種なども含めて多様な人材が働ける環境整備の一つとして考えているのです。

特に新たな年のはじまりなどには服を新調するという風習がありますが、気分も一新してよいタイミングです。今一度初心に帰る機会にしてはいかがでしょうか。

外国人スタッフの受入れ

居酒屋の外国人スタッフ

こちらのお店は、都心のビルにテナントとして入っている和風の居酒屋です。座敷とテーブルを合わせて120席の大きな店舗で、職場の懇親会などで大人数のお客さまが利用されます。

開店から40年を超えて、昭和的な雰囲気が魅力の居酒屋です。名物料理の「味噌もつ煮込み」をはじめとして、卵焼きや刺し身など、多様なメニューをリーズナブルな価格で提供しています。

老舗の居酒屋であるとはいえ、人手不足のなか、店舗スタッフの確保には苦労していました。現在のホールスタッフは、特定技能制度を利用して採用した外国人スタッフが所属しています。まだ日本語はたどたどしく、お客さまからの注文を何度かくり返し確認しなければなりません。それでも正確に調理スタッフへ伝えられない場合もあり、後から店長がもう一度お客さまに注文を確認することもあります。外国人スタッフは熱心に取り組んでいることがお客さまにも伝わっているようで、注文のミスがあっても大きなクレームにはつながっていません。

しかし、この状態は長期的に持続できないため、業務の効率化やオペレーションの改善が求められていました。

深刻な人手不足

厚生労働省の調査によると、飲食店でのパート・アルバイトなどの非正規雇用者の比率は約7割を占めています。コロナ禍による影響で、パート・アルバイトを含む多くの非正規社員の離職が増加しました。コロナ前の日常に戻っても、離れてしまった人材が全員戻るわけではなく、人手不足を感じる率は約75％と、高水準で推移しています。外食産業だけでなく、多くの産業で人手が不足していることから、日本国内で働く外国人労働者の数も過去最高の204万人（2023年10月末時点）となっています。

特定技能制度は、2019年4月から開始された新しい制度です。これは政府が人手不足のニーズに対応するために導入したもので、現場で即戦力として活躍できる人材を雇用するための在留資格です。日本語の能力と技能試験の合格が求められます。1号の在留期間は最長5年で、2023年から法改正により在留期間に上限のない2号が飲食業にも適用されるようになりました。

居酒屋のような古くからある業態であっても、時代の変化に対応することが求められます。特定技能制度を活用した採用は一つの方法ですが、継続的な研修や日本語教育が必要となります。そして、外国人スタッフだけでなく、日本人スタッフにとっても安心して働ける環境も重要です。研修制度の整備や福利厚生の充実、さらに職場環境の改善を通じて、雇用の安定化を目指しましょう。

カスハラから従業員を守る

「カスタマーハラスメント(Customer harassment)」(以下、「カスハラ」)とは、「カスタマー(お客さま等)からの暴行、脅迫、ひどい暴言、不当な要求等の著しい迷惑行為」のことです。スマートフォンの普及により手軽に動画やSNSの投稿が可能になったこともあり、お客さまからの過度なクレームや従業員に対して土下座をさせるなどの理不尽な要求がインターネット上で拡散し、ニュースで取り上げられたことで広く知られるようになり、社会問題化しています。

元気な女性店長がいるお店

さて、こちらは、北九州エリアの主要駅から徒歩5分ほどのところにある居酒屋の事例です。30代の女性店長が頑張っています。さっぱりとした性格で、どのお客さまに対しても接客態度が変わらず、テキパキと仕事をこなしています。

店舗は個室を売りにしており、プライベートな空間でアルコールを楽しめることから、ディナータイムの営業を中心に近隣のオフィス街からのお客さまで賑わっています。

お客さまの迷惑行為

この店舗では最近、お客さまから著しい迷惑行為を受ける、いわゆるカスハラが発生していました。店舗スタッフがお客さまから「もっと女らしくしたらどうだ!」「酒がまずい!どうなっているんだ」などと、セクハラまがいの言いがかりや店舗の失敗とはっきりとわからないことを罵倒する言葉を受け、対応に時間を要する難クレームとなっていました。お客さまが求めるまま謝罪しても、金銭的な補償を求めているわけでもなく、納得してもらえません。

こうした対応に10分間も時間を取られると、少ない店舗スタッフで接客していることもあり、業務に支障をきたします。お客さまは、お酒が入ると気が大きくなるのでしょうが、客という優位な立場を利用し、さらに、個室空間は、ほかのお客さまからの視線がないことも助長して、要求が過剰になりがちです。

顧客満足は“従業員満足”から

本来、外食店舗は業態によりサービスレベルが異なります。しかし、コンビニエンスストアやインターネットなど便利なサービスが普及したことで、お客さまは過去に受けた満足度の高いサービスが一般的なレベルと思い込み、「あの店はこうだった」「前の担当はこうだった」などと、過去と同等レベルのサービスを要求するのです。また、お客さまは客の立場が偉《えら》いと勘違いし、普段の生活で抱えるストレスを、自分より立場が弱いと思う人にぶつけてしまう傾向もあります。

そのようなカスハラを受けている状況で、いくら女性店長が「顧客満足度を上げていきたい」と思っても、肝心の従業員の満足度が高くなければ、上げていくことはできません。

対応のポイントをまとめましたので、カスハラから従業員を守る参考としてください。

従業員を守る
カスハラ対応のポイント

- カスハラには、客ではなく、対等な人として接する
- 不当な要求は、はっきり断る
- 期待に沿えなかったことがあれば、謝罪する
- 対応メモを取り、「言った」「言わない」のトラブルを避ける
- 「これ以上は営業妨害です」と断りを入れ、警察を呼ぶ

カスハラ対策のポイント

カスハラ対策マニュアル

カスハラ問題について、わが国ではどのような対策が取られているのでしょうか。カスハラには、法律上の規制がありませんでした。とはいえ、放置されているわけではなく、国としても対策が取られつつあります。

パワハラ対策を雇用主の義務とした2020年6月施行の改正労働施策総合推進法の指針では、カスハラについても「お客さまからの著しい迷惑行為に関して行うことが望ましい取組みの内容」がはじめて明示されました。さらに厚生労働省では、従業員を保護する対策を企業に義務づけるなど、同法の改正を検討しているところです（2024年9月現在）。悪質クレーム対策を取り巻く環境は変化しています。

2022年2月に、厚生労働省は「カスタマーハラスメント対策企業マニュアル」を発表しました。さらに3月にマニュアルに続いて作成されたポスターには、7つの関係省庁（国土交通省、経済産業省、消費者庁、厚生労働省、法務省、警察庁、農林水産省）が連名で記載されており、断固とした姿勢が示されました。

約3割の企業でカスハラ相談あり

厚生労働省が実施した2024年の企業調査によると、過去3年間にカスハラの相談があったと回答した企業の割合は27・9％、カスハラを経験した労働者の割合は10・8％にのぼっています。内訳（複数回答）は、継続的な（くり返される）、執拗な（しつこい）言動（頻繁なクレーム、同じ質問をくり返す等）（57・3％）がもっとも多く、威圧的な言動（大声で責める、反社会的な者とのつながりをほのめかす等）（50・2%）と続きます。こうしたカスハラは、従業員に過度な精神的ストレスを与えるばかりでなく、通常業務にも影響し、時間・お金・精神的な損失につながります。

具体的なカスタマーハラスメント対策
「事前準備」と「発生時」8つのポイント

1. 事前準備

① 事業主の基本方針・基本姿勢の明確化、従業員への周知・啓発

- 組織のトップが、カスタマーハラスメント対策への取組みの基本方針・基本姿勢を明確に示す。
- カスタマーハラスメントから、組織として従業員を守るという基本方針・基本姿勢、従業員の対応の在り方を従業員に周知・啓発し、教育する。

② 従業員（被害者）のための相談対応体制の整備

- カスタマーハラスメントを受けた従業員が相談できるよう相談対応者を決めておく、または相談窓口を設置し、従業員に広く周知する。
- 相談対応者が相談の内容や状況に応じ適切に対応できるようにする。

③ 対応方法、手順の策定

- カスタマーハラスメント行為への対応体制、方法等をあらかじめ決めておく。

④ 社内対応ルールの従業員等への教育・研修

- 顧客等からの迷惑行為、悪質なクレームへの社内における具体的な対応について、従業員を教育する。

2. 発生時

⑤ 事実関係の正確な確認と事案への対応

- カスタマーハラスメントに該当するか否かを判断するため、顧客、従業員等からの情報をもとに、その行為が事実であるかを確かな証拠・証言に基づいて確認する。
- 確認した事実に基づき、商品に瑕《か》疵《し》がある、またはサービスに過失がある場合は謝罪し、商品の交換・返金に応じる。瑕疵や過失がない場合は要求等に応じない。

⑥ 従業員への配慮の措置

- 被害を受けた従業員に対する配慮の措置を適正に行う（くり返される不相当な行為には一人で対応させず、複数名で、あるいは組織的に対応する。メンタルヘルス不調への対応等）。

⑦ 再発防止のための取組み

- 同様の問題が発生することを防ぐ（再発防止の措置）ため、定期的な取組みの見直しや改善を行い、継続的に取組みを行う。

⑧ ①～⑦までの措置と併せて講ずべき措置

- 相談者のプライバシーを保護するために必要な措置を講じ、従業員に周知する。
- 相談したこと等を理由として不利益な取扱いを行ってはならない旨を定め、従業員に周知する。

カスハラに発展させない
初期対応3つのポイント

初期対応では、誠意ある対応をしつつ、状況を正確に把握します。お客さまから暴力やセクハラを受けたら、上位職者に相談し一人で対応しないことが重要です。

① 対象となる事実、事象を明確かつ限定的に謝罪

② 状況を正確に把握

③ 上位職者または相談窓口に情報共有

上記のカスハラ対策の8つのポイントは、「カスタマーハラスメント対策企業マニュアル」から抜粋しました。ご参考にしていただき、少しでも気になりましたら、ぜひネットで公開されている全文もご確認ください。

〈参考資料〉

●厚生労働省「カスタマーハラスメント対策企業マニュアル」
https://www.mhlw.go.jp/content/11900000/000915233.pdf

悪意のある クレームへの対応

金銭の要求内容はさまざま

東京郊外の駅から徒歩数分の住宅街に、夫婦で店を構える焼き鳥店での話です。こだわりの国産銘柄鶏を良心的な価格で提供しています。

ある日、困ったお客さまもいるもので、焼き鳥に残った骨をかんで歯が欠けたというクレームがありました。しかも、食べたときすぐに言ってくれればよいものを、飲食後数日経ってからの電話でのお申し出でした。

お客さまからは、治療費のほか、不自由な思いをしたことに対する慰謝料も請求されました。これに対しては、今回の飲食と歯が欠けたことの間の因果関係が不明として、治療費をお支払いすることだけで了承を得られました。ここでたいせつなのは、必ず医師の診断書を取り、医療費の実費を支払うことです。

金銭の要求を伴うクレームは、飲食代を無料にせよとの要求から、提供したサービスを超えた過剰な要求まで、レベルはさまざまです。最近は、店舗のチェーン化や法規制により、昔のドラマに出てくるようなこわいお兄さんによる直接的な金銭要求は聞かれなく

なりました。

一方で、ごく普通のお客さまから提供したサービス以上の金銭を要求されることがあります。前述の例のほか、「飲食の提供時にお客さまの洋服を汚してしまう」などの〝汚損〟がわかりやすい例ですが、慰謝料的な意味合いで対価として過度に求めてくるものです。ロールプレイングとして、対応例をご紹介しておきましょう。

金銭の要求への対応例

もし「誠意を見せろ」と言われたら、「脅されているようで、こわいです」と言いましょう。頭に血が上ってつい出てしまった言葉の場合には、このひと言で冷静に戻るお客さまも多いです。「誠意とは何ですか?」と聞き返せば、「それを考えるのが仕事だろう」などと火に油を注ぎかねません。

「どうしてくれるんだ?」と聞かれたら、内容にもよりますが、〝料理のつくり替え〟や〝サービス券〟のほか、金銭の要求があった際には、クリーニング代として1000円程度をお渡しします。損害賠償は第2章40頁でご紹介したとおり、生じた損害以上に行う必要はありません。それでも続いて同様のクレームをたびたびいただくようであれば、第一に警察に相談します。クレーマーは過去の成功体験から、「この前の店は5万円取れたから、今度の店では10万円取ってやろう」という考え方をしがちだからです。

直接的に金銭の要求があった場合は、恐喝罪になる可能性がありますので、弁護士に相談するのもよいです。経営であれば中小企業診断士、法律であれば弁護士や司法書士に相談しましょう。

プロへの相談も視野に

そうはいっても、弁護士や司法書士と普段からおつきあいのある方は少ないと思います。そのような場合は、国が設立した法的トラブルの総合案内所である日本司法支援センター・通称〝法テラス〟をおすすめします。または、インターネットで〝弁護士ドットコム〟を検索してください。日本最大級の法律相談ポータルサイトで、地域や分野などから弁護士や法律事務所を探せるのでとても便利です。うれしいことに、どちらにも初回相談無料の弁護士事務所が多くあります。「悩まずプロに相談」です。

〈参考情報〉
法律相談(一部無料)
●日本司法支援センター(法テラス)
TEL. 0570-078374
https://www.houterasu.or.jp
●弁護士ドットコム
https://www.bengo4.com

セクハラから従業員を守る

ある居酒屋でのセクハラ事例

こちらは、東北新幹線のとある駅から徒歩10分ほどの居酒屋です。内陸にあっても三陸の海の幸と、独自のルートで仕入れた焼酎や東北の日本酒を揃えています。店内はカウンターとテーブル席が数席で、カウンター越しに店主との会話が楽しめます。地元の人気店でかつネットの口コミ評価も高く、関東からも多くのお客さまが訪れます。そのお店で働く20代の女性従業員から、次のような訴えがありました。

40歳前後の地元の常連のお客さまが、遠方からいらした親しい友人と男性2人で来店し、カウンター席に座りました。お酒が進むにつれ、愛想よく対応していた女性従業員にお客さまがからみはじめ、そうこうするうちに、女性従業員に「かわいいね」と言って手を取り握りしめました。

女性従業員が強く拒否したところ、そのお客さまが逆ギレしてすごんできました。それに対して、すぐに店主が常連客に向かい「セクハラです。これ以上すると退店です！」と強めに声がけをして収まりました。

セクハラ対策は雇用主の義務

セクハラは直接体を触るだけでなく、相手の意に反する性的な言動や、それを拒否するなどの対応を理由に仕事上の不利益を与える、就業環境を悪化させることなども含みます。お客さまの言動により従業員の働く意欲が下がれば、それは立派なセクハラです。また、男性から女性だけではなく、女性から男性、同性同士への言動やLGBTQ[※1]に対するものも含まれます。

連合（日本労働組合総連合会）の力

スハラに関する調査[※2]によると、「セクハラを受けたことがある」人は、女性16・6%、男性3・1%となっています。女性の6人に1人は経験があると考えれば、対策もしっかりしておく必要があります。男女雇用機会均等法第11条では、セクハラ対策は雇用主の義務としていますし、対策を怠れば賠償責任にもなりかねません。

　まずはセクハラを撲滅するために、経営者や店長は従業員に対して宣言をします。具体的には「ハラスメントのない、働きやすい明るい職場をつくります」などと行動指針を掲げ、バックヤードに貼っておくのもよいでしょう。

※1　LGBTQ：性的少数者を限定的に指す言葉。レズビアン(女性同性愛者)、ゲイ(男性同性愛者)、バイセクシュアル(両性愛者)、トランスジェンダー(出生時に診断された性と、自認する性の不一致)、クエスチョニング(性自認や性的指向が定まっていないなど)の頭文字をとった総称

※2　連合「カスタマー・ハラスメントに関する調査2022」(2022年12月16日)

男性セクハラ客への対応方法

　女性従業員が男性客からセクハラを受けた場合の対策として、セクハラに対して「入店をお断りすることになります」と注意をします。そして、セクハラをするお客さまの対応は、すべて男性従業員にまかせます。料理の提供からレジの対応まで、多少お客さまを待たせようとも、男性従業員で行います。

　さらに続くようならば、その方はもう、お客さまではありません。毅然として「入店禁止」を宣言します。それでも入店してくるようであれば、セクハラは犯罪ですから、証拠を押さえて警察へ通報をします。

　働きやすい職場は、従業員の定着にもつながります。セクハラ対策を従業員に周知し、従業員もお店の雰囲気も守って、よりよい職場環境をつくりましょう。

お店とお客さまは対等な関係

予約なしでも優先順位アップを求めるお客さま

こちらは、東京都内のターミナル駅から数駅のところにある本格イタリアンのお店です。地下鉄の乗り入れもあり便利なことから、駅前には飲食店が多く立ち並んでいます。駅から幹線道路沿いに5分ほど歩いたところにあり、カウンター席、テーブル席が3つずつの落ち着いた雰囲気のお店です。

オーナーシェフがイタリアで修業後に開業し、南イタリア料理を中心に魚介料理やジビエ、生パスタを使用した料理が楽しめます。シェフのこだわりを聞きながら飲食できることから、リピーターが多いのが特徴です。

ある日、50代のご夫婦がフリーで来店しました。テーブル席は予約で埋まっていたため、お店のスタッフは料理の提供が遅めであることを説明したうえで、カウンター席に案内しました。しかし、料理を注文すると同時に「どんどん出して！」と言われました。

当然ながら、シェフはお断りしました。なぜなら、キッチンスペースの関係から最善の状況で提供できる料理の数は決まっているため、予約をいただいたコース料理を優先し、フリーのアラカルト料理は優先順位が下がるからです。スタッフは、美容室でも予約客が優先されることを例にあげて説明し、奥さまには納得していただきました。

シェフは最善を尽くし、お客さまも料理を楽しんだ様子でしたが、帰り際にご主人が「おいっ、会計！早く領収書！」と言いました。

シェフは「お店とお客さまは対等である」と考えていることから、無礼なお客さまにはそれなりの接客をします。会計を催促されたので逆に早く支払うよう催促し、領収書もすばやく書いてお渡しし、早々にお帰りいただきました。

その後で、同じカウンター席のお客さまに「お見苦しいところをお見せして申し訳ありません」と嫌な雰囲気となってしまったことをお詫びしました。ほかのお客さまからは「インターネットに何か投稿されるのではないか」と心配する声が聞かれましたが、シェフは意に介しませんでした。

お客さまの記憶に残る店づくり

シェフ自慢の生パスタは茹で時間が長く、提供までどうしても20分はかかってしまいます。そんなときは、料理提供までの時間の目安を事前にお客さまにお伝えして、待ち時間も楽しんでいただけるように工夫します。たとえば、早く提供できるカルパッチョなどの料理をおすすめし、コースとしてコーディネートをします。

ファストフードなどに慣れたお客さまの場合、待ち時間に対して「何で？」と聞かれることがあります。ていねいに説明をすることで、時間がかかることを理解していただきます。

こちらのシェフがすごいのは、「お客さまノート」を作成し、好み、属性や食物アレルギーの有無などをお客さまごとにすべて記録していることです。そうすることで、次回のご来店時にもお客さまの個々の嗜好に合った料理を提供することができ、「自分のことを覚えてくれている特別なお店」としてお客さまの記憶に刻まれます。

お店とお客さまは対等

来店客の態度や行動によってお店の雰囲気が台無しになり、大事なお客さまが離れてしまうとお店の損失につながりかねません。お店とお客さまは、サービス提供に対して合意して金銭を払うという、対等な立場にあります。極端なことを言えば、お店側がサービス提供の合意をしなければ、お客さまはお店に入ることもできません。

近年、お客さまによるSNSへの投稿などにより、お店に風評被害が及ぶことがあります。

「レピュテーションリスク」（reputation-risk：企業の評判が下がり、業績が悪化する危険性）対策を過度に考えて、お客さまに強く言えないようになりがちですが、今後はお客さまに理解していただく対応も考えていきましょう。

スタッフの個人情報を守る

女性スタッフにしつこく話しかける男性客

こちらは、ショッピングモールの食料品雑貨店の事例です。華やかな商品パッケージと、試飲用のお茶を淹《い》れるなど、ていねいに商品紹介を行う接客が好評です。

ある日、男性客が女性スタッフにしつこく何度も話しかけていたことから店舗は警察に通報し、男性客は後日、警察から注意を受けました。その後、男性客はまた店舗を訪れ、店内の商品を壊すなどして暴れまわり、一時騒然となりました。再度通報を受けた警察が駆けつけ、男性客は現行犯逮捕されました。店舗を逆恨みして暴行したようです。

スタッフのプライバシーが危うい!?

皆さんの店舗では、スタッフの名札やレシートに、実名をフルネームで記載していますか?

SNSの普及により、個人アカウントやスタッフ自身も忘れている過去の学校での部活動の記録など、スタッフの個人情報が特定されやすくなっています。そのため、スタッフに対するお客さまのつきまとい、ストーカー行為を防ぐためには、個人情報の漏えいによりスタッフのプライバシーが侵害されないよう対策をすることが求められています。

スタッフを守る対策は売上アップのツールにも

前述のような事例に発展させないためには、先手の対策が必要です。主なものは次のとおりです。

- 名札にイニシャル、ビジネスネーム、ニックネームを使用する

- レシートには担当者名の代わりに従業員番号や頭文字のアルファベットを記載する
- 領収書へのスタッフ名印の押印は必ずしも必要ではないので、省略もしくは店名印などにする
- 防犯カメラを設置し、問題発生時の証拠を確保する
- 従業員が問題を報告できる内部相談窓口を設置する

　ビジネスネームについては意見が分かれるところですが、スタッフのプライバシーを守ることに加えて、優雅な雰囲気のビジネスネームを使用することで高級感を演出するなど、スタッフ自身のブランド化を図ることもできます。居酒屋業態でも「お客さまとの親近感を得やすい」として、ニックネームを使用する店舗があります。

　ビジネスネームやニックネームは単にスタッフのプライバシーを守るだけでなく、より温かい接客が可能になったという声も聞かれます。売上アップにつながる接客ツールとして使用してはいかがでしょうか。

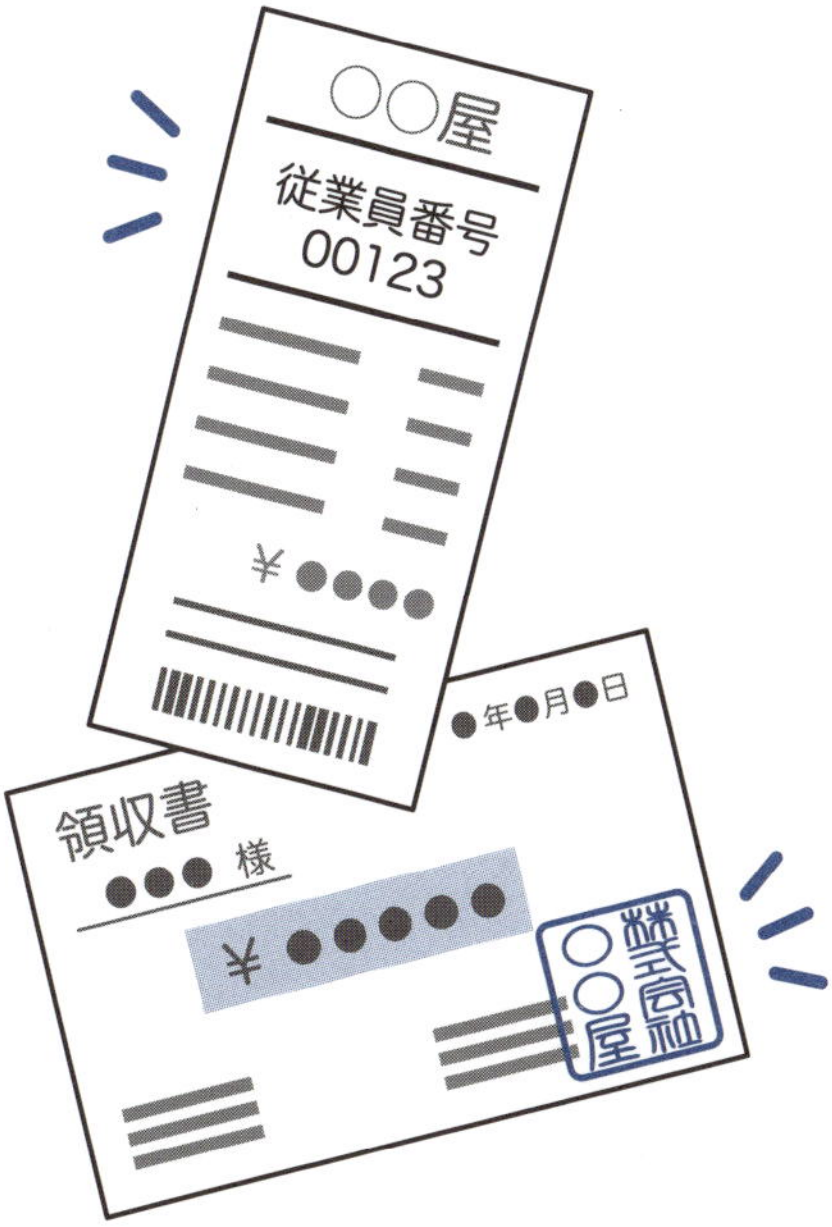

お客さまのニーズや季節のイベントに合わせた効果的な販売促進を行い、売上アップを目指します。店舗の業態にもよりますが、お客さまの多くは飲食店に対して非日常を求めてご来店されます。ちょっとした変化やおもてなしの心でお迎えし、くり返しご利用いただいたり、友人やSNSでの口コミによる宣伝効果を狙いましょう。

3月

春の訪れを感じる季節で、お花見や卒業・卒園シーズンでもあります。感謝の気持ちを込めた商品やホワイトデーに向けたギフトも提案しましょう。ひな祭りや桜に関連するイベントやメニューを提供し、春休みに合わせた家族向けの販売促進も効果的です。

また、3月下旬には桜の開花予想を意識した準備を早めに行い、宴会需要に対応します。

4月

新生活のスタートを迎える時期です。新生活応援ギフトや歓送迎会プランを提供し、新入生や新社会人を対象とした特別メニューやイベントを企画することが重要です。

また、イースターに関連する商品やイベントを取り入れて、春の訪れを祝うムードを演出します。さらに、年度末からゴールデンウィークにかけての需要を見越して早めの準備を行いましょう。

7月

夏の真っ盛りで、多くのお客さまが外出やレジャーを楽しむ季節です。特に、下旬になると子どもたちの夏休みがはじまり、家族連れでの外食や観光地の訪問が増えます。また、地域のお祭りや花火大会などのイベントも開催されはじめ、大きな商機となります。

7月第3月曜日の海の日の三連休や、夏休みにより、飲食店やレジャー施設の需要が一層高まることが予想されます。

8月

お盆や帰省シーズンであり、お供えギフトや帰省土産の需要が高まります。夏レジャーに関連する商品やサービスを提供し、花火大会やビアガーデンなど夏の風物詩をテーマにしたイベントの企画も有効です。

盆休みは長期連休が見込まれるとともに、特に全国高校野球やスポーツイベントの盛り上がりが期待されます。

11月

冬の準備がはじまる季節であり、ウィンターギフトや冬のご挨拶ギフトの需要が高まります。七五三や文化の日、勤労感謝の日に関連する商品やサービス、ボジョレー・ヌーヴォーなどのイベントや販売促進を展開しましょう。

11月第4金曜日のブラックフライデーを皮切りに年末商戦がはじまり、クリスマスや正月の準備へとつながります。

12月

クリスマスや年末年始の準備で書き入れどきとなります。クリスマス向けの商品やイベント、年末ギフトの販売を強化しましょう。また、忘年会プランや冬至に合わせた特別メニュー、大掃除に関連する商品の提案も行います。

忘新年会シーズンには、予算額の増加や長時間での開催需要が高まることが予想されます。早めにコース予約の準備を進め、客単価アップを目指しましょう。

月別 マーケティングアドバイス

1月

新年のはじまりである1月は、多くのお客さまが新年会や正月休みを楽しむ季節です。お年賀や新年ギフトの需要が高まります。新年会プランや初詣帰りの特別メニューを提供し、冬のイベントや福袋の販売も積極的に行います。

また、大学入学共通テストが行われる中旬には、受験シーズンの本格化を意識した販売促進を展開することも有効です。

2月

バレンタインデーの月です。チョコレートを中心にしたギフト商品の販売を強化するのに適しています。節分には恵方巻きの販売も期待できます。

寒さによる客足の減少や営業日が少ないため、売上確保が厳しい月ですが、バレンタインデーや節分を活用して販売促進を強化します。さらに、インバウンド需要が期待できる春節(旧正月)も重要なポイントとなります。

5月

ゴールデンウィークやこどもの日があり、家族での外出が増える時期です。母の日向けの感謝ギフトや特別メニューを提供し、バーベキューやピクニックにぴったりの商品提案もしたいところです。

連休後は消費が一時的に落ち込むことが予想されるため、涼味メニューや厨房の熱中症対策を早めに準備しましょう。

6月

梅雨シーズンに突入しますが、父の日のギフト需要が高まります。お父さんへの感謝ギフトを提案し、梅雨対策の商品やサービスを提供しましょう。

また、ジューンブライドに合わせたウェディング関連の商品や夏メニューを提案したり、梅仕事をテーマにしたイベントやワークショップを開催するのも効果的です。

9月

敬老の日やシルバーウィークがあり、高齢者向けの長寿祝いギフトの需要が高まります。また、十五夜に関連する商品やイベントを提供し、秋の味覚をテーマにした販売促進を展開しましょう。

防災の日に合わせて、防災用品の提案も効果的です。大規模な国際スポーツイベントが開催されたこともあり、盛り上がりが期待されます。

10月

ハロウィンや秋の行楽シーズン。お菓子ギフトやハロウィン関連の商品が人気です。紅葉狩りや運動会の関連商品やイベントを企画し、収穫祭をテーマにした販売促進を展開します。ハロウィンの市場規模は年々拡大し、バレンタインや母の日と同規模。具体的な販促施策は、ハロウィン商品販売、店内装飾、子ども向けのプレゼント、SNSキャンペーンなどを実施しましょう。

月ごとの平均気温や二十四節気、祝日等を参考に、主な催事や食事メニュー、クレームテーマ等を表にまとめました（一例）。販促計画の立案のためにご活用ください。

	4月	5月	6月
平均気温（℃）	14.3	18.8	21.9
日最高（℃）	19.4	23.6	26.1
日最低（℃）	9.8	14.6	18.5
ギフト需要	歓送迎会、新生活応援ギフト	母の日、感謝のギフト	父の日、感謝のギフト
季節・催事	新生活・新入学・入社祝い、春の訪れ	ゴールデンウィーク、こどもの日	梅雨シーズン、父の日
キーワード	イースター、新学期、花祭り	バーベキュー、ピクニック、初夏	ジューンブライド、夏メニュー、梅仕事
二十四節気	清明・穀雨	立夏・小満	芒種・夏至
雑　節	土用	八十八夜	入梅
五節句	—	５月５日：端午の節句（菖蒲の節句）	—
スポーツイベント	全日本体操競技選手権大会、皐月賞、天皇賞（春）	大相撲夏場所、Bリーグチャンピオンシップ、全仏オープン（～６月）、日本ダービー	ウィンブルドン選手権（～７月）
お祭り	さくら祭り（全国）、姫様道中（静岡）、別府八湯温泉まつり（大分）	浜松まつり（静岡）、葵祭（京都）、三社祭（東京）、神田祭（東京・隔年）	山王祭（東京・隔年）、YOSAKOIソーラン祭り（北海道）、天神祭（大阪・～７月）
祝　日	４月29日：昭和の日	５月３日：憲法記念日 ５月４日：みどりの日 ５月５日：こどもの日	—
テーマ	新しいスタート	家族の時間と感謝	雨の日も楽しく
内　容	新入生・新社会人歓迎メニュー、お花見メニューやテイクアウトの強化、春野菜を使ったヘルシーメニュー	ゴールデンウィーク特別メニューやイベント、母の日向けのスペシャルディナーやプレゼント	梅雨の時期に合った料理やドリンク、父の日向けの特別メニューやギフトセット、雨の日割引キャンペーン
日本の暦行事の食事メニュー	花見弁当、団子、春の山菜天ぷら	新茶、ちまき、柏餅、笹巻き、鯉のぼり寿司	梅干しを使った料理、冷製デザート、旬の魚（鯵や鰹）の焼き物
気をつけたいクレームテーマ	新生活開始によるオペレーションの乱れ	ゴールデンウィークの予約トラブル	温度・湿度の上昇に対する衛生管理の不備
説　明	新生活がはじまる４月は新人スタッフの研修期間です。オペレーションが乱れないように注意が必要です。	ゴールデンウィークは旅行客が増え、予約が集中します。予約の確認とダブルブッキングの防止が重要です。	梅雨は特に衛生管理が難しくなる時期。食材も傷みやすく、ロス率上昇とならないように気をつけましょう。

参考：• 気象庁（東京都の平年値（年・月ごとの値）、統計期間：1991 ～ 2020 年）
https://www.data.jma.go.jp/obd/stats/etrn/view/nml_sfc_ym.php?prec_no=44&block_no=47662&year=&month=&day=&view=
• 国立天文台（二十四節気および雑節（令和６（2024）年））
https://eco.mtk.nao.ac.jp/koyomi/yoko/2024/rekiyou242.html

販促カレンダー

	1月	2月	3月
平均気温(℃)	5.4	6.1	9.4
日最高(℃)	9.8	10.9	14.2
日最低(℃)	1.2	2.1	5.0
ギフト需要	お年賀、新年ギフト	バレンタインデー、愛のギフト	ホワイトデー、感謝のギフト
季節・催事	正月休み、成人の日、初詣	節分、バレンタイン	お花見、卒業・卒園
キーワード	新年会、福袋、お祝い、受験生応援	雪祭り、チョコレート	ひな祭り、桜、春休み
二十四節気	小寒・大寒	立春・雨水	啓蟄・春分
雑　節	土用	節分	彼岸
五節句	1月7日：人日の節句（七草の節句）	—	3月3日：上巳の節句（桃の節句）
スポーツイベント	大相撲初場所、箱根駅伝、大阪国際女子マラソン、全豪オープン	Jリーグ開幕、大阪マラソン、冬季オリンピック（4年に一度）	大相撲春場所、東京マラソン、プロ野球開幕、春の甲子園
お祭り	初詣（全国）、若草山焼き（奈良）	さっぽろ雪まつり（北海道）、横手の雪まつり（秋田）、節分祭（全国）	春の例祭（全国・～4月）、高尾山火渡り祭（東京）
祝　日	1月1日：元日 1月の第2月曜日：成人の日	2月11日：建国記念の日 2月23日：天皇誕生日	3月20日：春分の日
テーマ	新年のスタートを応援	愛と健康	春の訪れと感謝の気持ち
内　容	新年会・冬休み終わりの特別メニュー、家族や友人で集まるシーンに対応した新年特別コースを提案	バレンタインデー向けの特別デザートやコース、節分にちなんだ恵方巻きメニュー	ひな祭りメニューやデザート、卒業祝いの特別メニューやコース、プチギフト需要増加
日本の暦行事の食事メニュー	おせち料理、雑煮、七草粥、成人の日お祝い膳（赤飯や鯛料理）	恵方巻き、炒り豆、鰯料理、カカオ料理	ちらし寿司、はまぐりのお吸い物、ひなあられ、菱餅、桜餅
気をつけたいクレームテーマ	年始の忙しさによるサービスの低下	カスタマーハラスメント対策	花見シーズンの混雑と対応
説　明	年始の繁忙期にはスタッフが忙しくなり、サービスが低下することがあります。お客さまへの配慮が必要です。	バレンタインデーなどのイベント時に、お客さまからの過度な要求やクレームが増加。スタッフの対応方法を見直し、適切な対策を講じましょう。	花見シーズンは混雑が予想されます。混雑時の対応策を準備しておきましょう。

備考：
- 平均気温(℃)、日最高(℃)、日最低(℃)は東京都の平年値。
- 二十四節気とは、1年を24等分し、その分割点を含む日に季節を表す名称を付したもの。年ごとに月がおよそ1日ずれるため、二十四節気の日付は毎年異なる。
- 雑節とは、二十四節気・五節句などの暦日のほかに、季節の移り変わりをより適確に掴むために設けられた、特別な暦日のこと。
- 節句とは、伝統的な年中行事を行う季節の節目となる日のこと。二十四節気では日本で体感する気候とは季節感が合わない名称や時期があるため補完して使用される。
- 各スポーツイベントとお祭りの開催月（期間）は、変更されることがある。
- 祝日および祝日名は法令により変更になる場合がある。

	10月	11月	12月
平均気温(℃)	18.0	12.5	7.7
日最高(℃)	22.0	16.7	12.0
日最低(℃)	14.8	8.8	3.8
ギフト需要	ハロウィン、お菓子ギフト	ウィンターギフト、冬のご挨拶ギフト	クリスマス、年末ギフト
季節・催事	秋の行楽シーズン、ハロウィン	いい夫婦の日、ボジョレー・ヌーヴォー	クリスマス、年末商戦
キーワード	紅葉狩り、運動会、収穫祭	七五三、文化の日、勤労感謝の日	忘年会、冬至、大掃除
二十四節気	寒露・霜降	立冬・小雪	大雪・冬至
雑　節	土用	—	—
五節句	—	—	—
スポーツイベント	出雲全日本大学選抜駅伝競走、国民スポーツ大会、天皇賞(秋)	大相撲九州場所、ジャパンカップ	福岡国際マラソン、高校サッカー選手権(〜翌1月)、有馬記念
お祭り	長崎くんち(長崎)、伊勢まつり(三重)	酉の市(東京)、飯能まつり(埼玉)	秩父夜祭(埼玉)、羽黒山松例祭(山形)
祝　日	10月の第2月曜日:スポーツの日	11月3日:文化の日 11月23日:勤労感謝の日	—
テーマ	秋の楽しみ	家族の絆	祝祭と締めくくり
内　容	ハロウィン向けの特別メニューやデコレーション、スポーツの日向けのメニュー、秋の行楽シーズンに合わせたお弁当メニュー	七五三のお祝いメニュー、勤労感謝の日の特別メニュー、ボジョレー・ヌーヴォーに合わせたコース料理	クリスマス向けの特別メニューやイベント、忘年会プラン、年末年始に向けたテイクアウトメニューやギフトセット
日本の暦行事の食事メニュー	里芋料理、ハロウィン向けかぼちゃ料理	千歳飴、鰤の照り焼き、ローストビーフ、チーズの盛り合わせ	クリスマスディナー(ローストチキン、ケーキなど)、高級食材料理、年越しそばセット
気をつけたいクレームテーマ	イベントや年末商戦に向けた準備不足	お客さま同士のトラブル	年末年始の予約対応
説　明	イベント準備、ギフト対応に追われる時期。顧客満足度が低下しないように、早めに準備しましょう。	七五三やイベントシーズンでお客さまが増える時期です。お客さま同士のトラブルを防ぐための対策が必要です。	年末年始は予約が集中し、対応が難しくなります。早めの予約確認と対応策が必要です。

	7月	8月	9月
平均気温(℃)	25.7	26.9	23.3
日最高(℃)	29.9	31.3	27.5
日最低(℃)	22.4	23.5	20.3
ギフト需要	サマーギフト、夏のご挨拶ギフト	お盆、お供えギフト	敬老の日、長寿祝いギフト
季節・催事	七夕、夏祭り	夏レジャー、帰省	シルバーウィーク、敬老の日
キーワード	海の日、プール開き、夏休み	花火大会、ビアガーデン、夏の風物詩	十五夜、秋の味覚、防災の日
二十四節気	小暑・大暑	立秋・処暑	白露・秋分
雑　節	半夏生・土用	二百十日	彼岸
五節句	7月7日：七夕の節句（笹竹の節句、星祭り）	—	9月9日：重陽の節句（菊の節句）
スポーツイベント	大相撲名古屋場所、夏季オリンピック（4年に一度）	夏の甲子園、世界陸上（2年に一度）、全米オープン（～9月）	大相撲秋場所、ラグビーワールドカップ（4年に一度）
お祭り	祇園祭（京都）、隅田川花火大会（東京）、博多祇園山笠（福岡）	青森ねぶた祭（青森）、仙台七夕まつり（宮城）、秋田竿燈まつり（秋田）、阿波おどり（徳島）	秋の例祭（全国・～10月）、おわら風の盆（富山）、岸和田だんじり祭（大阪・～10月）
祝　日	7月の第3月曜日：海の日	8月11日：山の日	9月の第3月曜日：敬老の日 9月23日：秋分の日
テーマ	夏休みと家族の時間	夏の思い出	感謝と収穫
内　容	夏休みの家族向け特別メニューやイベント、土用の丑の日の鰻メニュー、夏の冷製メニュー	お盆の特別メニュー、夏休み最後の思い出づくりイベント、冷たいデザートやドリンクのフェア	敬老の日向けの特別メニュー、秋の味覚を使った料理やデザート、ファミリー向けの収穫祭イベント
日本の暦行事の食事メニュー	うなぎの蒲焼き（土用の丑の日）、冷やし中華、冷麺、ところてん	精進料理、冷やしそうめん、冷やし茶漬け、夏野菜のカレー	月見団子、秋刀魚の塩焼き、栗ご飯、きのこの天ぷら
気をつけたいクレームテーマ	夏休みの混雑と待ち時間の長さ	お盆休みの人手不足	特別メニューの品質管理
説　明	夏休みは家族連れのお客さまが増え、混雑します。待ち時間を減らす工夫が求められます。	お盆休みはスタッフが休暇を取るため、人手不足になりがちです。シフト管理をしっかり行いましょう。	秋冬メニューへの切り替え時期。不慣れな点が多くなるため、適切な温度管理やオペレーションを徹底し、クレームを防ぎましょう。

［著　者］

三海　泰良（さんかい　やすよし）

サンカイコンサルティング中小企業診断士事務所　代表

食品産業を中心に経営改善、経営計画策定、事業承継、創業セミナー等を実施。 経営者に寄り添った支援に定評がある。

飲食店のためのクレーム解決ガイド
～事例別に見る対応の極意～

2024年10月10日　初版発行

定 価：1,430円（税込）

著　者　三海　泰良

発行人　塚脇　一政

発行所　公益社団法人日本食品衛生協会

〒111-0042

東京都台東区寿4-15-7　食品衛生センター

電　話　03-5830-8806（出版部普及課）

03-5830-8807（出版部制作課）

FAX　03-5830-8810

E-mail　fukyuuka@jfha.or.jp

hensyuuka@jfha.or.jp

https://www.n-shokuei.jp

印刷所　株式会社 太平社

ISBN 978-4-88925-133-3